AF371920

Phil Borges

SilvanaEditoriale

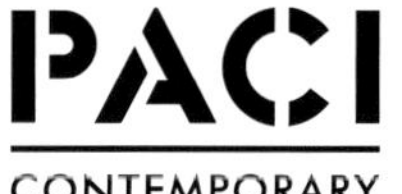

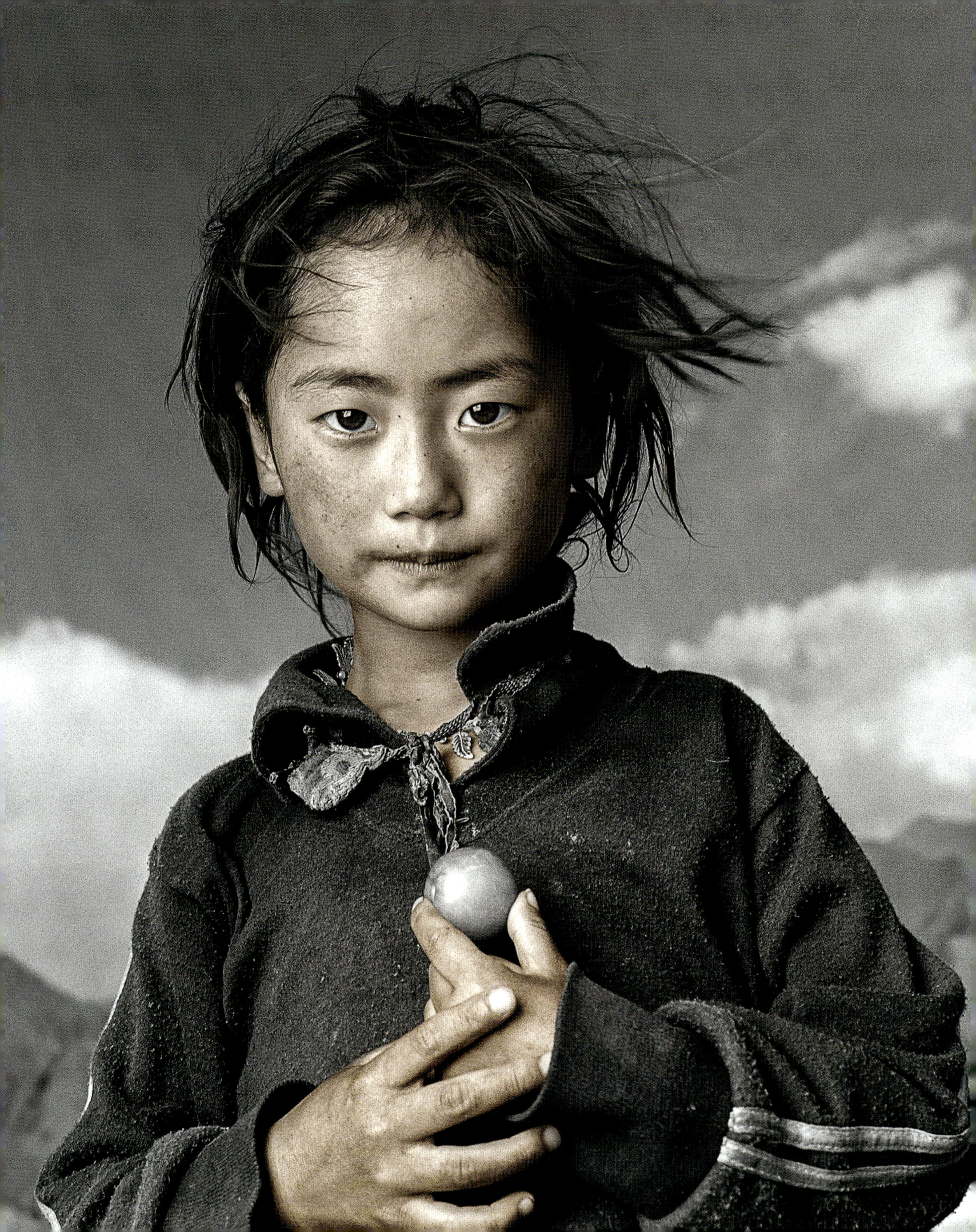

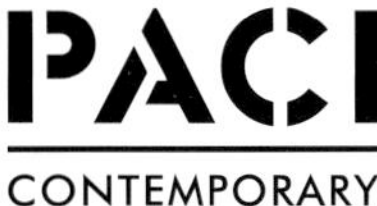

CONTEMPORARY

Brescia
via Borgo Pietro Wuhrer, 53
t. +39 0302906352
m. + 39 3487617028
info@pacicontemporary.com

Porto Cervo
Promenade du Port
via Aga Khan, 1
m. + 39 3487617028
portocervo@pacicontemporary.com

www.pacicontemporary.com

Phil Borges: ritratti dal mondo

PHIL BORGES

La mia intenzione, in qualità di fotografo, è di rivelare il valore delle culture tradizionali e di sviluppare una consapevolezza delle sfide da affrontare. È strano che tendiamo a commuoverci di più per una storia su una persona, anziché per un evento che colpisce migliaia di individui. In genere ritengo che i ritratti e le storie individuali suscitino un'attenzione mirata alle questioni sociali e ambientali che devono affrontare le comunità indigene.

Fornisco materiale documentario sulle culture tribali e indigene da quasi tre decenni e questa esperienza mi ha permesso di entrare in contatto con mondi che altrimenti non avrei mai potuto conoscere. Generalmente, quando entro per la prima volta in un villaggio remoto o in un'area tribale, vengo accolto dai bambini. Grazie ai miei apparecchi fotografici posso interagire con loro senza parlare. Di solito, un piccolo gruppo di bambini si raduna mentre scatto qualche foto e distribuisco le Polaroid. È il mio piccolo spettacolo magico che mi consente di integrarmi rapidamente in comunità visitate raramente da estranei.

Ho potuto visitare piccoli gruppi di cacciatori-raccoglitori e sperimentare come dovevano vivere i nostri antenati migliaia di anni fa. In queste comunità non c'erano case di riposo o previdenze sociali per gli anziani, nessun asilo nido per bambini, né *agribusiness* né negozi di generi alimentari, e non esistevano avvocati a cui rivolgersi per risolvere eventuali controversie. Tutto ciò su cui dovevano fare affidamento per la propria sopravvivenza erano i rapporti interpersonali, una relazione intima e la conoscenza dell'ambiente. Gli antropologi hanno constatato che il nostro cervello si è evoluto in un arco di tempo di 200.000 anni nelle suddette comunità. Siamo predisposti alle relazioni intime. Muovendomi da Seattle dove vivo fino a queste comunità tradizionali, ho capito quanto abbiamo perso riguardo ai rapporti con la gente e con il mondo della natura.

La maggior parte di noi non è consapevole della crisi esistenziale che sta investendo molte culture tradizionali. Mentre oggi ci sono circa seimila lingue parlate sulla terra, molte delle lingue indigene e tribali non sono parlate dai bambini, quindi i linguisti prevedono, con una certa prudenza, che la metà di queste si estinguerà entro i prossimi cinquanta o settanta anni. Molte delle lingue classiche summenzionate sono verbali, pertanto quando se ne andranno gli ultimi oratori, scomparirà una parte consistente di dati e nozioni raccolti in modo empirico sul mondo della natura. Se metà delle specie del nostro pianeta fosse minacciata di estinzione nello stesso lasso di tempo, saremmo spinti a fare molto di più per evitare che ciò accada. Tuttavia, il tasso allarmante di estinzione culturale passa per lo più inosservato.

Nel 1993 ho iniziato a lavorare in collaborazione con Sua Santità il Dalai Lama per realizzare una mostra e un libro. Era la prima volta che decidevo di documentare una delle culture indigene che stavo visitando. Sapevo che Mao Zedong aveva invaso il Tibet nel 1949 e che da allora era stato occupato dalla Cina, costringendo il Dalai Lama a fuggire in India dove ha vissuto in esilio fino a oggi. Il mio scopo principale era quello di raccontare la storia di ciò che consideravo una tragica violazione dei diritti umani. Ho iniziato intervistando e realizzando ritratti dei rifugiati tibetani che erano scappati dal Tibet, facendo un viaggio di 30 giorni nell'Himalaya e nella piccola città di Dharamshala, in India, attuale patria del Buddismo tibetano e del Dalai Lama. La maggior parte dei rifugiati che ho intervistato ha raccontato storie di torture e incarcerazioni per mano dei cinesi comunisti. Circa tre settimane dopo il mio arrivo, fu annunciato che il Dalai Lama avrebbe tenuto un discorso in pubblico il weekend successivo. Ero in mezzo alla folla ad ascoltare la traduzione a una radiolina FM quando sentii il Dalai Lama dire al suo pubblico: "Tratta i tuoi nemici come se fossero gioielli preziosi, poiché sono i tuoi nemici, non i tuoi amici, che ti aiuteranno a costruire pazienza e tolleranza lungo la via dell'illuminazione".

Rimasi sorpreso dal fatto che il loro leader aveva tentato questo approccio. Fu a quel punto che capii che

Phil Borges: Portraits from the World

PHIL BORGES

My intention as a photographer is to show the value of traditional cultures and to create an understanding of the challenges they face. It's a curious fact that we tend to be moved more by a story about one person than by a statistic that affects thousands of individuals. I typically find that portraits and individual stories bring focused attention to the social and environmental issues faced by indigenous communities.

I have been documenting tribal and indigenous cultures for nearly three decades and this experience has given me a key to entering worlds I would have never been able to experience otherwise. Typically, when I first enter a remote village or tribal area, I'm greeted by the children. My photographic equipment gives me the perfect opportunity to interact without having to use words. A small group of children usually gathers as I take photos and hand out Polaroids. It's my little magic show that allows me to quickly integrate into communities rarely visited by outsiders.

I have been able to visit small hunter-gatherer groups and experience how our ancestors must have lived thousands years ago. In these communities there were no old-age homes or social security for the elders, no daycare centers for the children, no agribusiness and grocery stores for their food, and no lawyers to resolve their disagreements. All they had to rely on for their survival were their interpersonal relationships, and an intimate relationship and knowledge of their environment. Anthropologists have noted that our brains evolved over a span of 200,000 years in such communities. We are wired for intimate relationships. Moving from my home in Seattle to these traditional communities showed me how much we have lost when it comes to our connections to each other and to the natural world.

Most of us are not aware of the existential crisis that many traditional cultures currently face. While there are approximately six thousand languages spoken on Earth today, many indigenous and tribal languages are not spoken by children, thus many linguists conservatively predict that half of these languages will become extinct within the next fifty to seventy years. Many of these traditional languages are oral, so when the last speakers are gone a whole body of empirically gathered wisdom and knowledge about the natural world will disappear.

If half of our planet's species were threatened with extinction in that same time frame, we would be shocked into doing much more to prevent it from happening. However, the alarming rate of cultural extinction goes mostly unnoticed.

In 1993 I began working in collaboration with His Holiness the Dalai Lama to create an exhibition and a book. It was the first time that I decided to document one of the indigenous cultures I had been visiting. I knew that Mao Zedong had invaded Tibet in 1949 and that China had occupied Tibet ever since, causing the Dalai Lama to flee to India where he has lived in exile to this day. My main intention was to tell the story of what I considered to be a tragic human rights violation. I began by interviewing and making portraits of the Tibetan refugees who had escaped Tibet by making the long 30-day trek across the Himalayas and into the little town of Dharamshala, India, a current home of Tibetan Buddhism and the Dalai Lama. Most of the refugees I interviewed had stories of torture and imprisonment at the hands of the communist Chinese. About three weeks after I arrived, it was announced that the Dalai Lama would be giving a public talk the following weekend. I was in the crowd listening to the translation on a portable FM radio when I heard the Dalai Lama tell his audience to "treat your enemies as if they were precious jewels, because it's your enemies, not your friends, that will help you build your patience and tolerance on the way to your own enlightenment."

I was amazed that their leader would be taking this approach. It was at that point that I realized this story wasn't just about another human rights violation.

quella storia non riguardava soltanto un'altra violazione dei diritti umani. Di conseguenza, la mia attenzione per il progetto si spostò e il titolo del libro e della mostra divenne *Tibetan Portrait: The Power of Compassion.* Si basava sulla cultura profondamente spirituale dei tibetani e sulla lotta a provare compassione di fronte all'occupazione e all'aggressione.

Fu a quel punto, inoltre, che compresi che il modo più efficace per raccontare una storia tragica o spiacevole è quello di trasmetterla attraverso un messaggio positivo o d'ispirazione. Ho utilizzato questa formula per mettere in evidenza una serie di questioni sui diritti umani che affrontano le popolazioni indigene in un libro e in una mostra intitolati *Enduring Spirit*, prodotti per Amnesty International che ha celebrato il 50° anniversario della Dichiarazione Universale dei Diritti Umani.

Per anni ho lottato contro la questione dell'imperialismo culturale, specialmente riguardo alla disuguaglianza di genere. Nei paesi in via di sviluppo è impossibile ignorare il fatto che le donne e le ragazze lavorano di più, ma spesso sono discriminate se vogliono accedere all'istruzione, alla politica, alle risorse e all'assistenza sanitaria. Chi ha la facoltà di decidere quali ruoli dovrebbero svolgere uomini e donne nelle proprie culture? Nonostante ciò è difficile ignorare i risultati delle Nazioni Unite e dell'Organizzazione Mondiale della Sanità, secondo cui il modo più efficiente per affrontare il problema della povertà e migliorare la sanità di una comunità è quello di conferire poteri a donne e ragazze attraverso l'istruzione, le opportunità economiche e le discussioni aperte sui diritti umani. Ho deciso di affrontare le difficili questioni della disuguaglianza di genere, incluse la tratta degli esseri umani, le mutilazioni degli organi genitali femminili e la violenza contro le donne, mettendo in luce donne straordinarie in tutto il mondo che hanno interrotto un ciclo di repressione o tradizione culturale, al fine di conferire autonomia e responsabilità a sé stesse e, di conseguenza, alle loro comunità. Il corpo di lavoro *Women Empowered* è caratterizzato da donne pioniere lontane e sconosciute provenienti da tutto il mondo, che lavorano all'avanguardia di un movimento mondiale per i diritti umani di donne e ragazze.

Nel mio lavoro con le culture tradizionali c'era sempre un sottotesto che mi stavano insegnando non sapevo però cosa fare con una delle cose più affascinanti che stavo imparando. Mentre evidenziavo le questioni relative ai diritti umani, ho iniziato a incontrare i guaritori e i visionari nelle comunità che stavo documentando – gli individui che spesso chiamiamo sciamani. Ero sorpreso di apprendere che molti di loro venivano identificati come dotati di speciali capacità visionarie e di guarigione, dopo aver vissuto una crisi molto difficile in giovane età. Qualche volta la crisi consisteva in una grave malattia fisica, ma molto spesso comportava cambiamenti di personalità, improvvisi sbalzi di umore, terribili pensieri di morte, l'udire certe voci o avere delle visioni; nel mondo occidentale riteniamo che i sintomi siano quelli di una malattia mentale. Spesso veniva loro detto che avevano una sensibilità speciale che doveva essere sviluppata; tali individui venivano poi guidati attraverso un'iniziazione, di solito da uno sciamano più anziano che aveva vissuto un'esperienza simile. Dopo l'iniziazione, assumevano il ruolo di guaritori o visionari e diventavano membri altamente rispettati dalla comunità. L'attuazione di questo livello di tolleranza e comfort con stati di coscienza straordinari nelle comunità tribali e indigene, mi ha portato a produrre un lungometraggio documentario intitolato *Crazywise*, che esamina il modo in cui definiamo e trattiamo la crisi psicologica nei 'paesi sviluppati'.

È il fatto di condividere la varietà delle consuetudini e credenze che conferisce alla nostra specie la propria creatività e resilienza. Non ho mai veramente compreso la mia cultura finché non ho iniziato a visitare le altre; gli ultimi tre decenni mi hanno aiutato a capire quanto le nostre culture hanno da imparare l'una dall'altra. Questo è ciò che rende oggi allarmante e tragico l'attuale tasso di estinzione culturale.

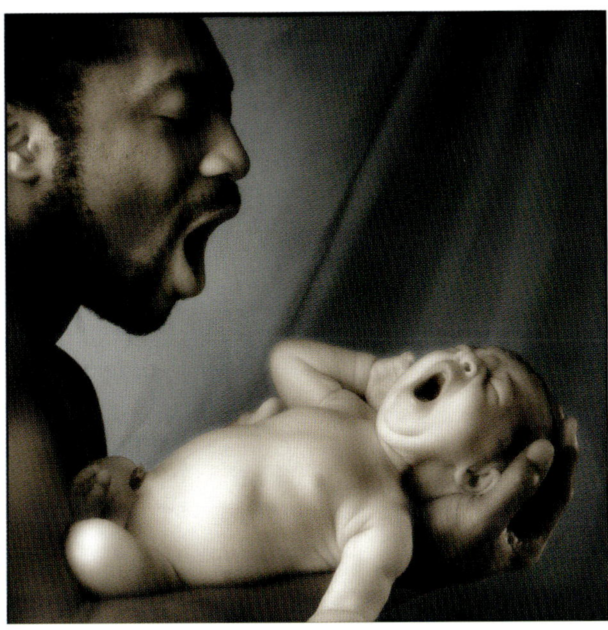

Attah and Baby, 1991
60 x 60 cm ca.
Stampa ai sali d'argento / Gelatin silver print

Consequently, my focus for the project shifted and the title of the book and exhibition became *Tibetan Portrait: The Power of Compassion.* It focused on the Tibetan's deeply spiritual culture and their struggle to maintain compassion in the face of occupation and aggression. It was also at that point that I realized the most effective way to tell an unpleasant or tragic story is to deliver it within a positive or inspirational message. I used that formula to highlight a number of human rights issues facing indigenous people in a book and exhibition titled *Enduring Spirit*, produced for Amnesty International that celebrated the 50th anniversary of the Universal Declaration of Human Rights.

For years I wrestled with the issue of cultural imperialism, especially with respect to gender inequality. In the developing world it is impossible to ignore the fact that women and girls do most of the work yet often are discriminated when it comes to access to education, political representation, resources, and healthcare. Who is to decide which roles men and women should play in their culture? However, it is hard to ignore the findings of the UN and the World Health Organization that the most efficient way to address poverty and improve a community's health is to empower women and girls through education, economic opportunity, and open discussions about human rights. I decided to tackle the difficult issues of gender inequality, including human trafficking, female genital cutting, and violence against women by highlighting extraordinary women worldwide that have broken through a cycle of repression or cultural tradition to empower themselves, and, in so doing, their communities. The body of work *Women Empowered* featured remote and unknown women pioneers from around the world, working in the vanguard of a global movement toward human rights for women and girls.

In my work with traditional cultures there was always a subtext of what they were teaching me. However, I didn't know what to do with one of the more fascinating things I was learning. While highlighting human rights issues I began meeting the healers and visionaries in the communities I was documenting – the individuals we often call Shamans. I was surprised to learn that many of them were identified as having special healing or visionary abilities after experiencing a very difficult crisis in their youth. Sometimes the crisis was a severe physical illness, but most often it involved personality changes, wild mood swings, fearful thoughts of dying, hearing voices, or having visions. The symptoms I and the developed world think of as mental illness. They were often told they had a special sensitivity that needed to be developed. These individuals were then guided through an initiation, usually by an older Shaman who had gone through a similar experience. After their initiation they assumed the role as healer or visionary and became a highly respected member of the community. Realizing this tolerance and comfort with extra-ordinary states of consciousness in tribal and indigenous communities led me to produce a feature length documentary film titled *Crazywise*, that takes a critical look at the way we in the 'developed world' define and treat psychological crises.

It's sharing the diversity of our practices and beliefs that gives our species its creativity and resilience. I never truly understood my own culture until I began visiting others; the past three decades have shown me how much all our cultures have to teach each other. This is what makes the rate of cultural extinction going on today so alarming and such a tragedy.

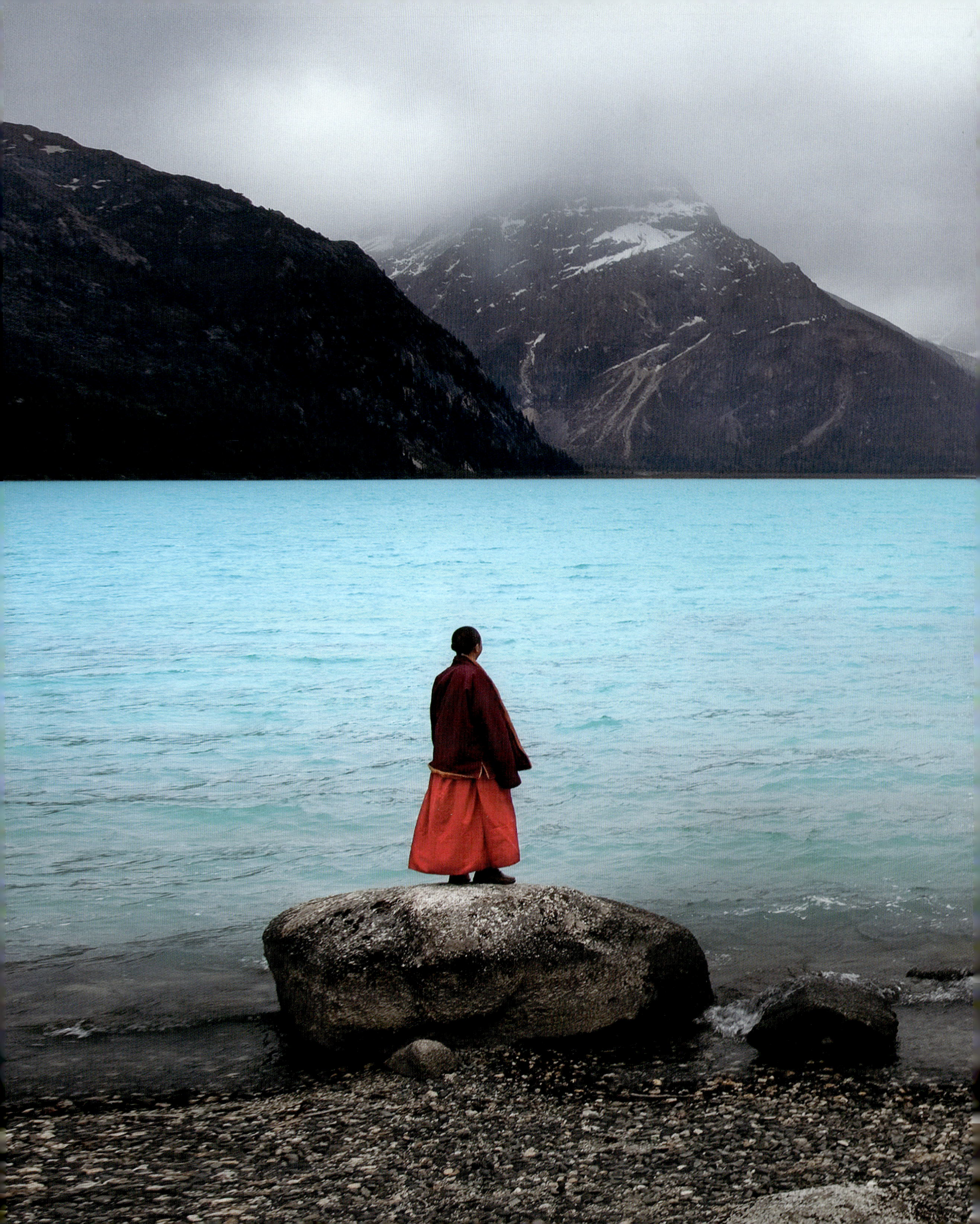

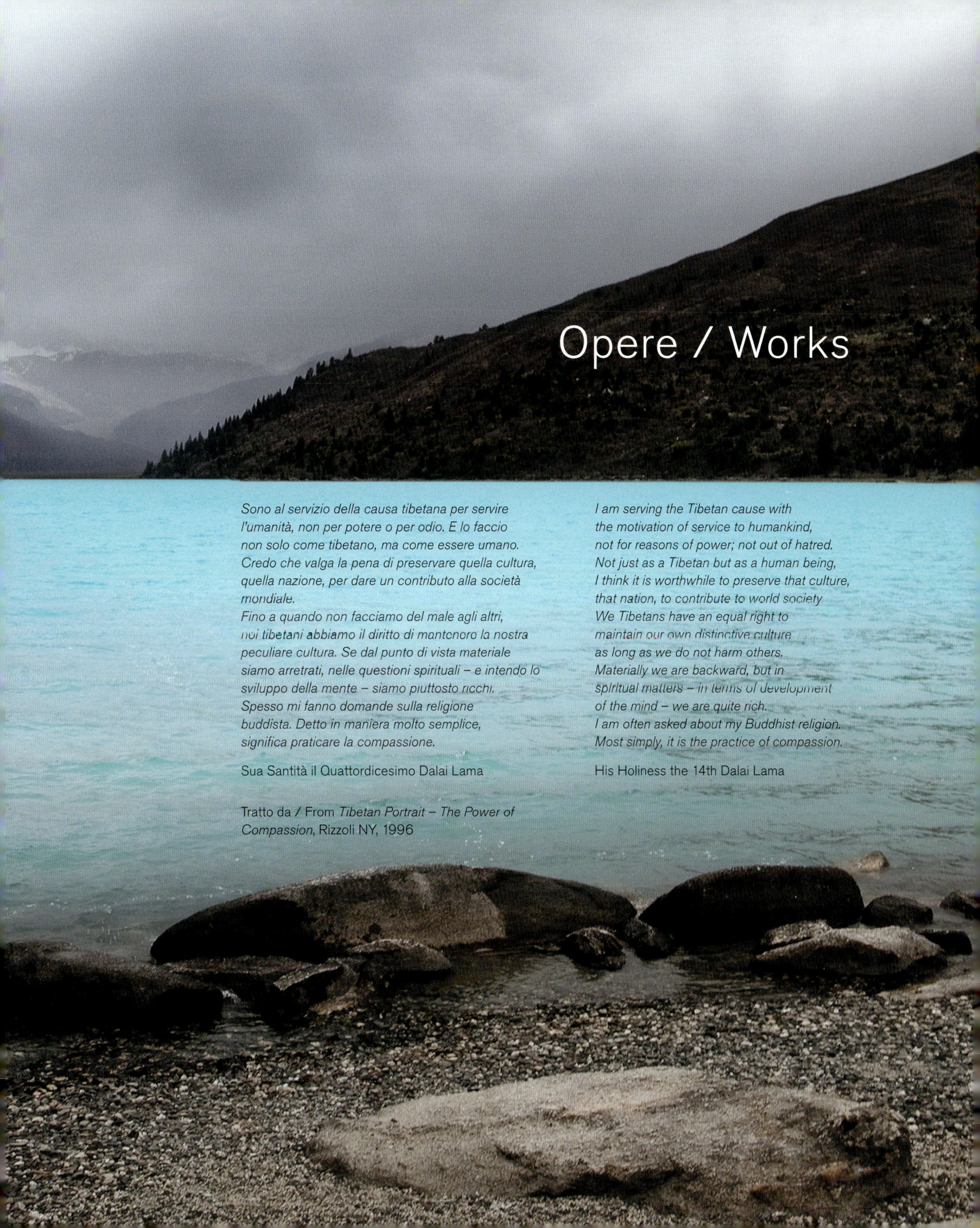

Opere / Works

Sono al servizio della causa tibetana per servire
l'umanità, non per potere o per odio. E lo faccio
non solo come tibetano, ma come essere umano.
Credo che valga la pena di preservare quella cultura,
quella nazione, per dare un contributo alla società
mondiale.
Fino a quando non facciamo del male agli altri,
noi tibetani abbiamo il diritto di mantenere la nostra
peculiare cultura. Se dal punto di vista materiale
siamo arretrati, nelle questioni spirituali – e intendo lo
sviluppo della mente – siamo piuttosto ricchi.
Spesso mi fanno domande sulla religione
buddista. Detto in maniera molto semplice,
significa praticare la compassione.

Sua Santità il Quattordicesimo Dalai Lama

Tratto da / From *Tibetan Portrait – The Power of
Compassion*, Rizzoli NY, 1996

I am serving the Tibetan cause with
the motivation of service to humankind,
not for reasons of power; not out of hatred.
Not just as a Tibetan but as a human being,
I think it is worthwhile to preserve that culture,
that nation, to contribute to world society.
We Tibetans have an equal right to
maintain our own distinctive culture
as long as we do not harm others.
Materially we are backward, but in
spiritual matters – in terms of development
of the mind – we are quite rich.
I am often asked about my Buddhist religion.
Most simply, it is the practice of compassion.

His Holiness the 14th Dalai Lama

Tibetan Portrait
Pemba, 4, 1994
50 x 60 cm ca.
Stampa ai sali d'argento / Gelatin silver print

Trak Tok, Ladakh – Pemba 4 anni
Pemba era arrivata nel minuscolo villaggio di Trak Tok con la madre e la sorella
per ammirare l'elaboratissimo e splendido festival di danza *shum* in questa
giornata di dicembre assolata, ma molto fredda. Mi ha colpito tra la folla per
la sua espressione estasiata e per la completa concentrazione sui danzatori.
A dispetto del vento gelido, è rimasta immobile per tutta la cerimonia.

Trak Tok, Ladakh – Pemba, 4
Pemba had come to the little village of Trak Tok with her mother and sister to
see the highly elaborate and beautiful *shum* dance festival on this sunny but
bitterly cold December day. She caught my eye in the crowd because of her
look of fascination and total concentration on the dancers. She seemed to be
transfixed during the entire ceremony in spite of the constant cold wind.

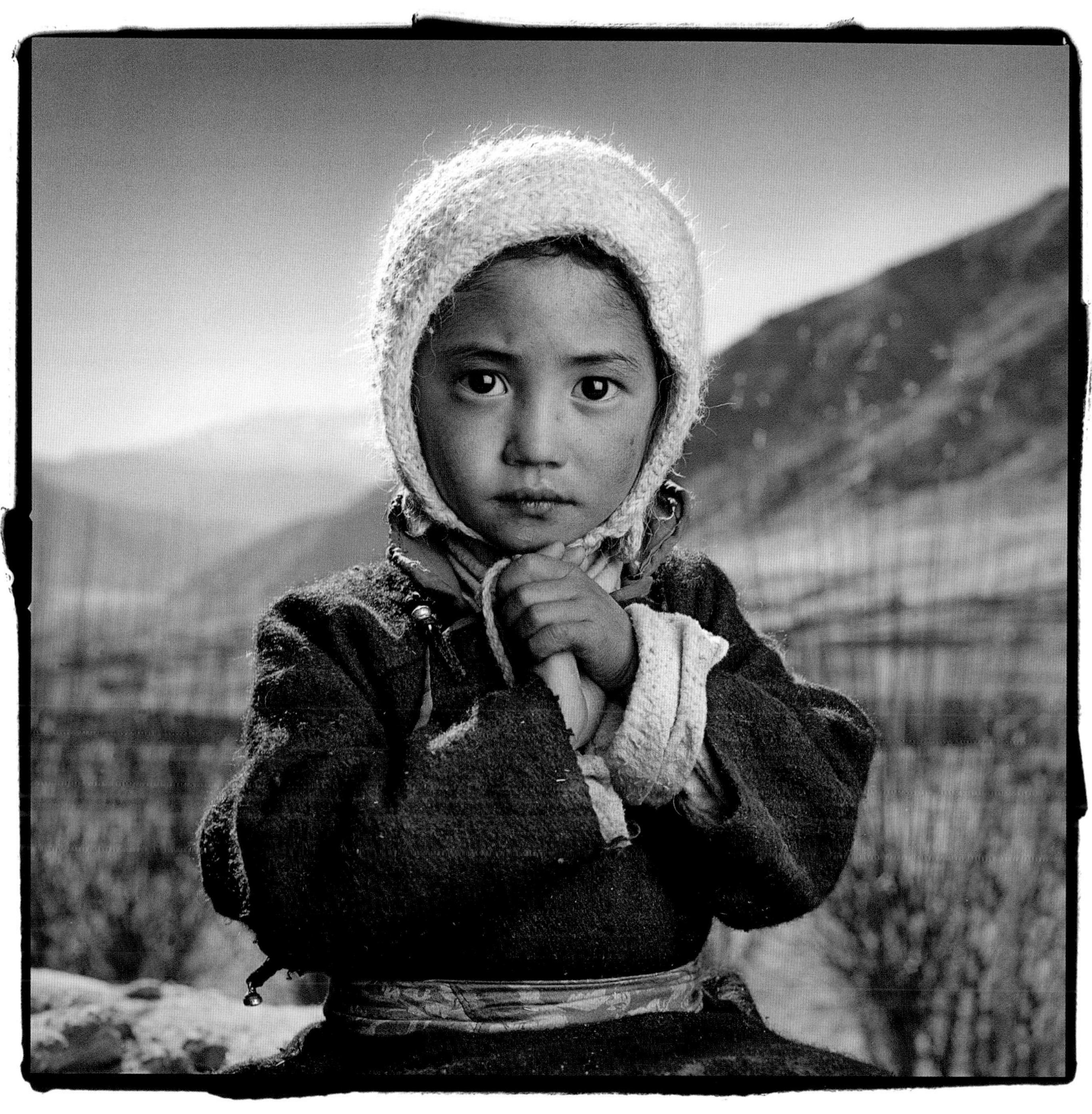

Tibetan Portrait
Yama, 8, 1994
50 x 60 cm ca.
Stampa ai sali d'argento / Gelatin silver print

Lhasa, Tibet – Yama 8 anni
Yama è arrivata dalla provincia di Kham con i genitori e tre sorelle per un
pellegrinaggio di un mese e mezzo al tempio di Jokhang di Lhasa. "Yama ci
ha aiutati a portare per gran parte del percorso sua sorella che ha dieci mesi"
ha detto suo padre. "Ci siamo resi conto molto presto che era nata con un
vero desiderio di aiutare gli altri."

Lhasa, Tibet – Yama, 8
Yama came with her parents and three sisters on a 6 week pilgrimage to
the Jokhang Temple in Lhasa from the province of Kham. "Yama helped
carry our 10 month old daughter much of the way." Her father said. "We
noticed very early that she was born with the true spirit of wanting to help
others."

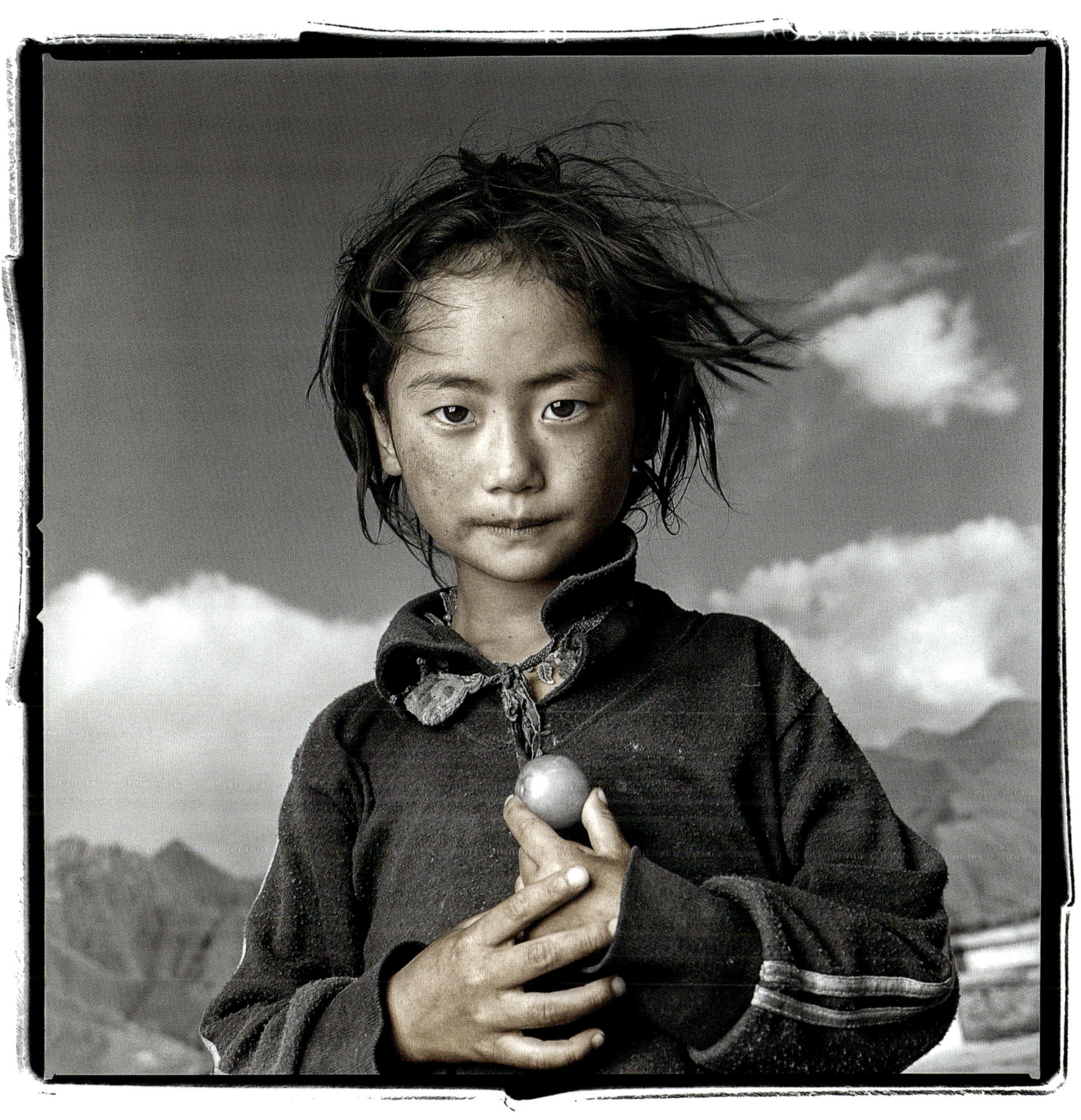

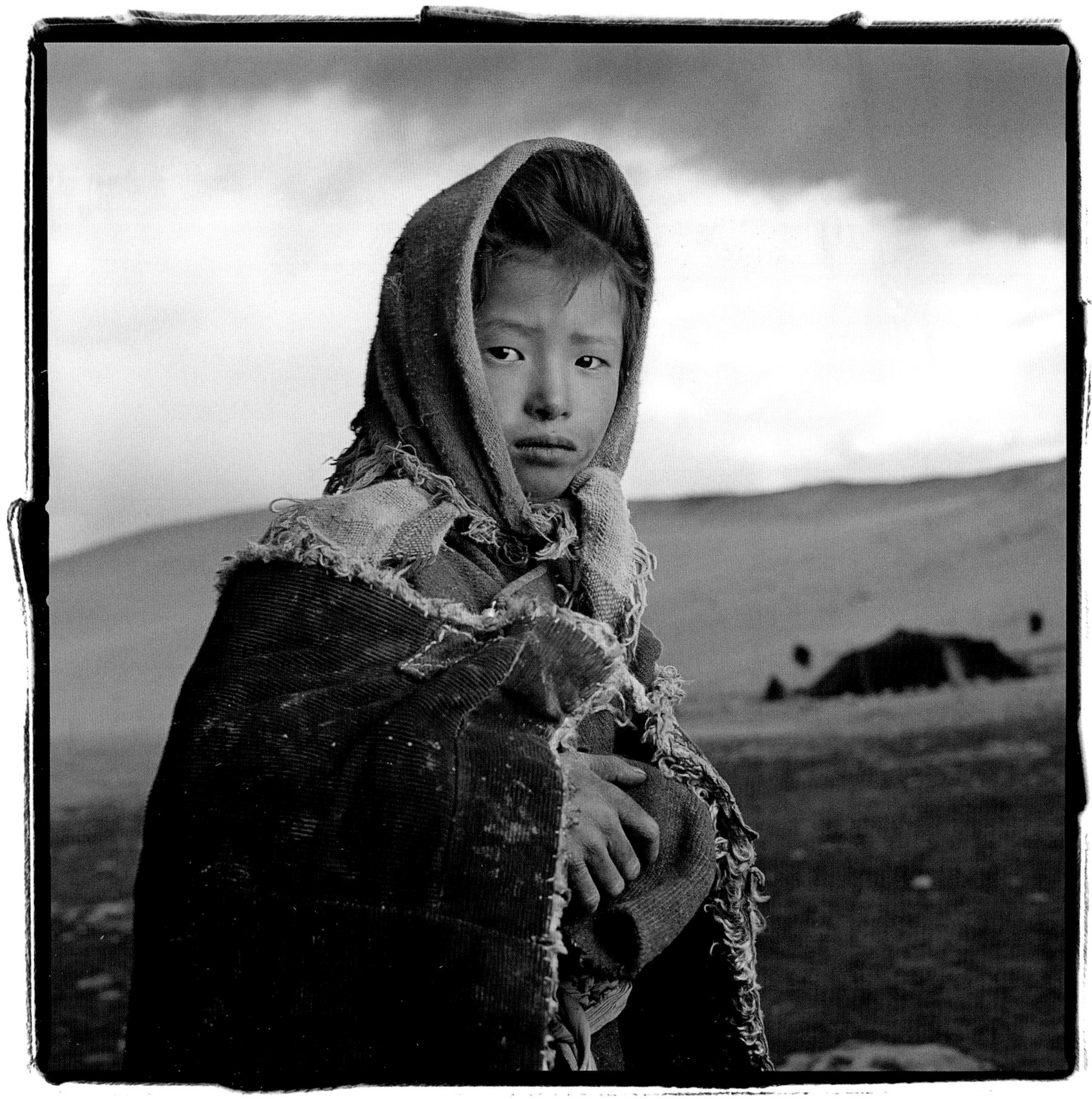

Tibetan Portrait
Chamdu, 11, 1994
50 x 60 cm ca.
Stampa ai sali d'argento / Gelatin silver print

Tso Morari, Ladakh – Chamdu 11 anni
Dopo molte esitazioni, Chamdu mi ha chiesto se avessi scattato una foto al
Dalai Lama e se potessi dargliela. È la maggiore di quattro figli e vive con la
famiglia in una tenda di pelo di yak in questa zona molto isolata e inospitale
del Changtang (l'Altopiano del Tibet). Poiché a 5000 metri non ci sono alberi
né cespugli, l'unico combustibile che hanno a disposizione per superare il
lungo e gelido inverno è lo sterco di capra.

Tso Morari, Ladakh – Chamdu, 11
Chamdu very hesitantly asked me if I had taken a photo of the Dalai Lama
that she could have. She is the eldest of four children living in a yak hair
tent with her family in this very remote and rugged area of the Changtang
(Tibetan Plateau). Since there are no trees or bushes at this 16,500 ft
altitude the only fuel they have is goat dung to get them through the long
and bitter cold winter.

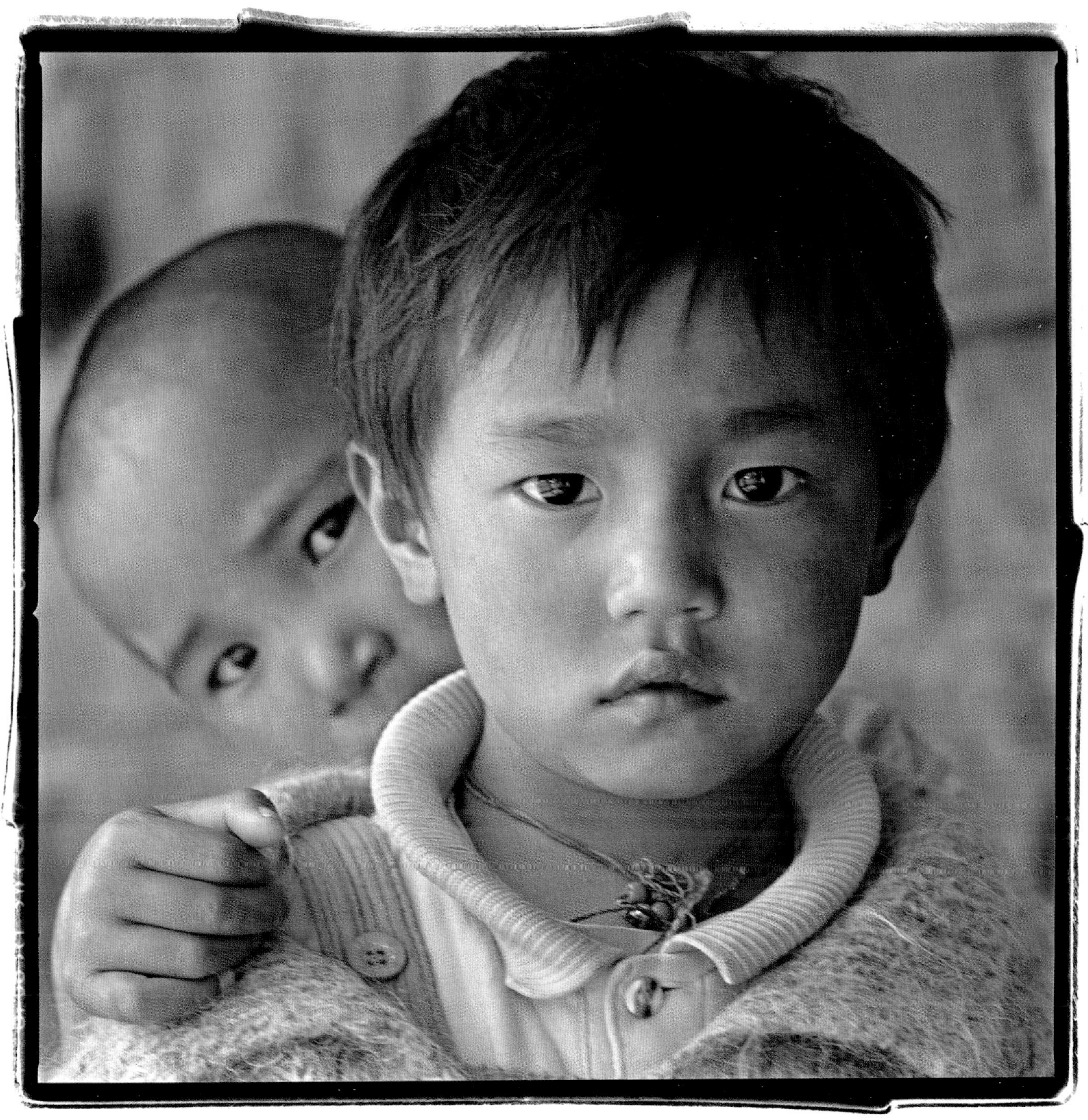

Tibetan Portrait
Dolkar 5, Tashi 6, 1994
50 x 60 cm ca.
Stampa ai sali d'argento / Gelatin silver print

Dharamsala, India – Dolkar 5 anni, Tashi 6 anni
Dolkar e Tashi vivono nel Villaggio dei bambini tibetani, nella zona alta di
Dharamsala, insieme ad altri 2000 bambini tibetani rimasti orfani o fatti
uscire dal Tibet dai genitori. Mi hanno detto che Dolkar era una bambina
molto sensibile, ma che si è adattata abbastanza bene dal suo arrivo al
villaggio oltre un anno fa. Tashi, rimasta orfana da piccola, è diventata il
giullare della sua classe.

Dharamsala, India – Dolkar, 5; Tashi, 6
Dolkar and Tashi live in the Tibetan children's village in upper Dharamsala
along with 2,000 other Tibetan children that have been orphaned or sent out of
Tibet by their parents. I was told that Dolkar was an extremely sensitive child but
has adapted rather well since her arrival at the children's village over a year ago.
Tashi who was orphaned as a baby has come to be known as the joker of their
class.

Tibetan Portrait
Jigme 8, Sonam 18 months, 1994
61 x 68 cm ca.
Stampa cromogenica / Chromogenic print

Ladakh, India – Jigme 8 anni, Sonam 18 mesi
Jigme e Sonam sono sorelle e vengono da una famiglia nomade appena
scesa dagli altopiani dell'Himalaya fino al campo invernale, a 5000 metri
sull'altopiano del Tibet. Quando ho dato a Jigme una Polaroid che la ritraeva,
l'ha guardata, ha lanciato uno strillo ed è corsa nella sua tenda. Immagino
che sia stata una delle rare volte che si è vista, dato che la sua famiglia non
possiede uno specchio.

Ladakh, India – Jigme, 8; Sonam, 18 months
Jigme and Sonam are sisters whose nomadic family had just come down
from the Himalayan highlands to their 16,500 ft. winter camp on the Tibetan
Plateau. When I gave Jigme a Polaroid of herself she looked at it, squealed
and ran into her tent. I assumed that this was one of the only times she had
seen herself since her family did not own a mirror.

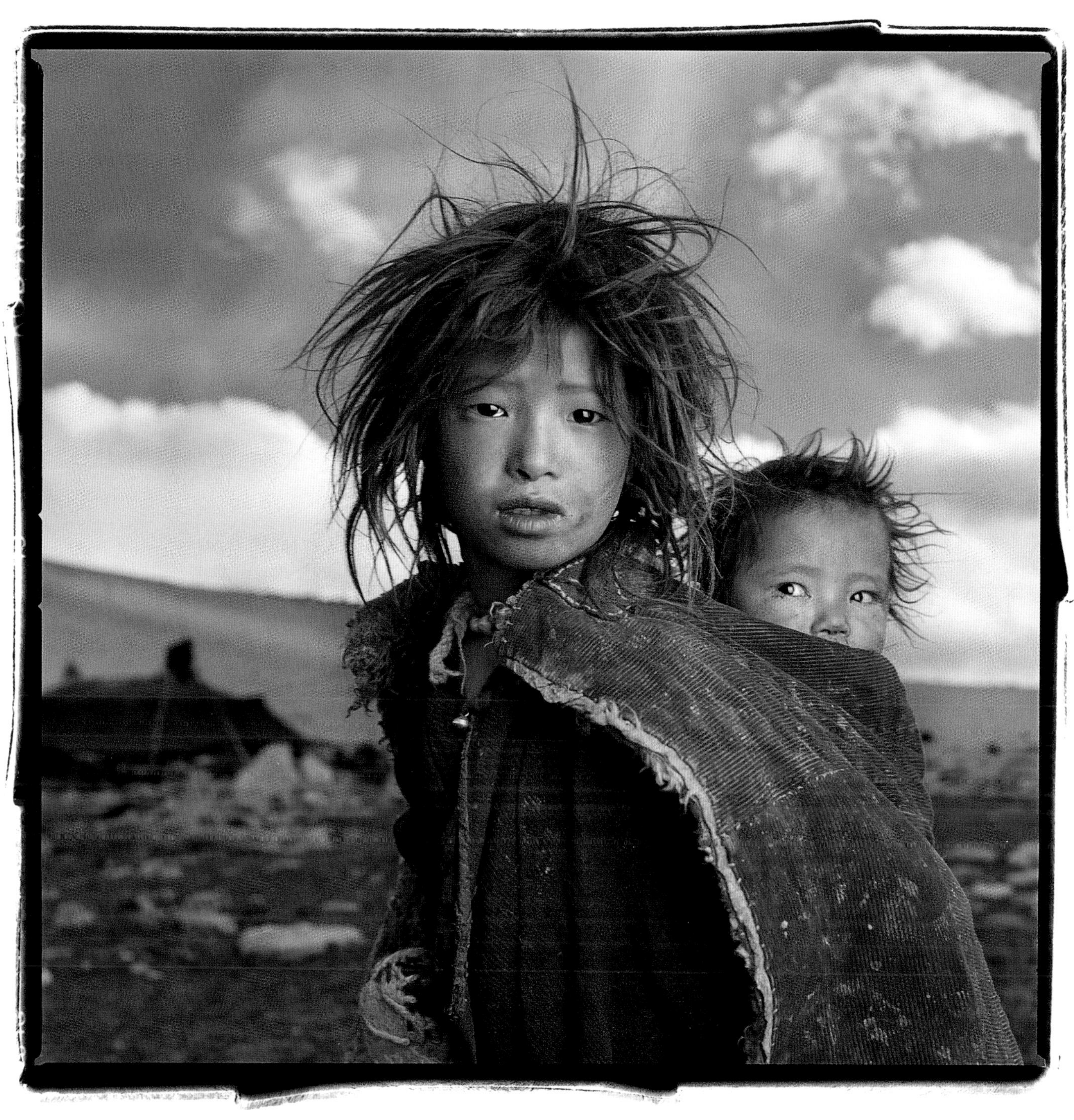

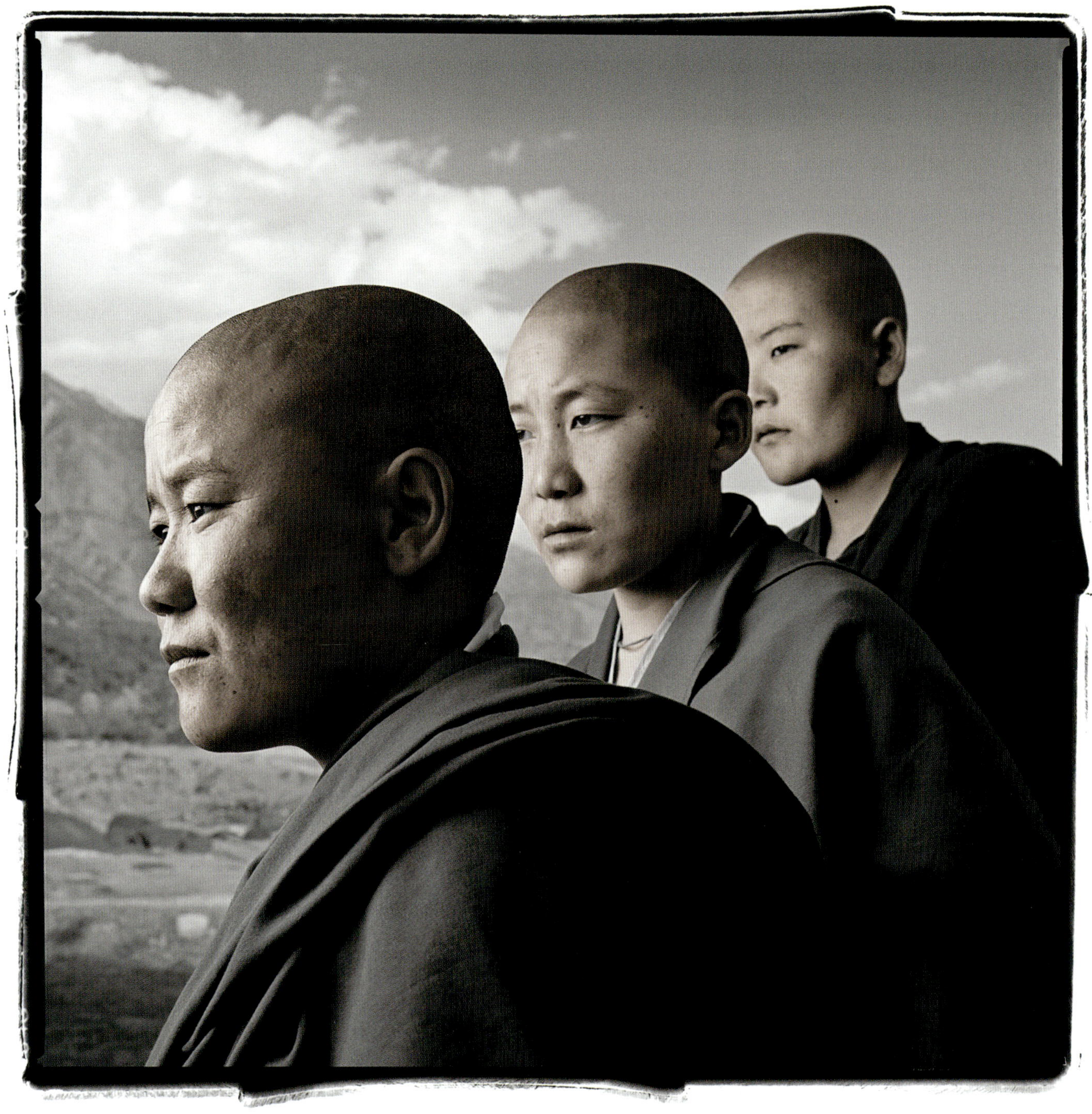

Tibetan Portrait
Kalsang 25, Ngawang 22, Dechen 21, 1994
50 x 60 cm ca.
Stampa ai sali d'argento / Gelatin silver print

Monastero di Dolma Ling, India – Kalsang 25 anni, Ngawang 22 anni, Dechen 21 anni
Queste monache erano appena arrivate al monastero di Dolma Ling, in India, dopo essere fuggite dal Tibet. Nel 1992 sono state arrestate, picchiate, torturate con pungoli elettrificati per il bestiame e incarcerate per due anni per aver affisso a Lhasa manifesti di protesta per l'occupazione del Tibet. Mentre stavamo parlando, Dechen è scoppiata più volte in lacrime, per poi scusarsi con discrezione e riprendere a raccontare la sua storia.

Dolma Ling Nunnery, India – Kalsang, 25; Ngawang, 22; Dechen, 21
These nuns had just arrived at the Dolma Ling nunnery in India after fleeing Tibet. In 1992 they were arrested, beaten, shocked with electric cattle prods and imprisoned two years for placing posters in Lhasa protesting the occupation of Tibet. Several times while talking, Dechen broke into tears, quietly excused herself and continued relating her story.

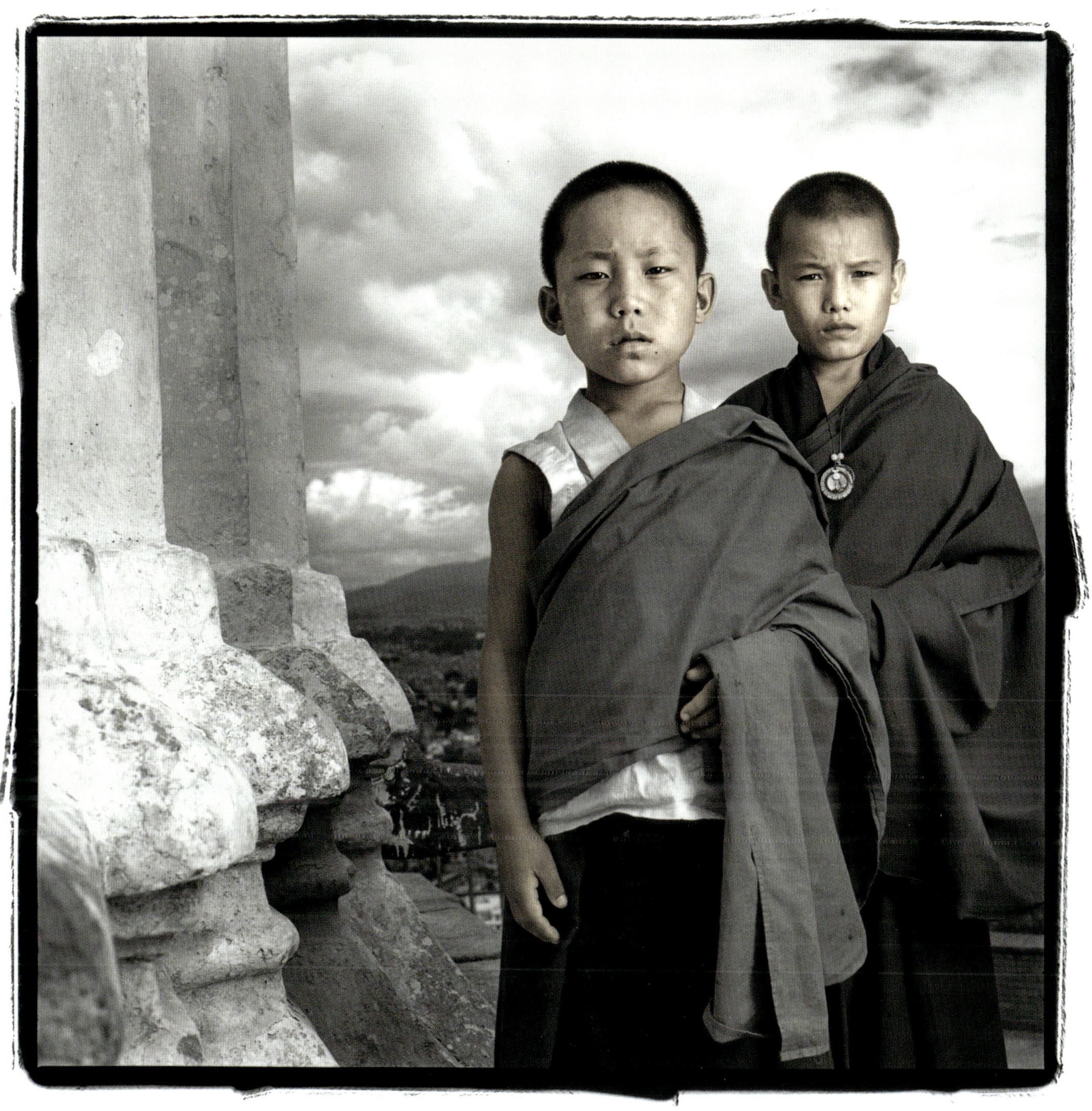

Tibetan Portrait
Telang 10, Tenzing 12, 1994
61 x 68 cm ca.
Stampa cromogenica / Chromogenic print

Kathmandu, Nepal – Telang 10 anni, Tenzing 12 anni
Telang e Tenzing sono fratelli e vivono in un monastero molto vicino allo stupa di Swayambunath, nella valle di Kathmandu. Sono nati in Nepal da genitori fuggiti ancora bambini dal Tibet durante la rivolta del 1959. Sebbene per migliaia di anni ben pochi tibetani si siano stabiliti in Nepal, gran parte dei 12.000 che ci vivono attualmente sono rifugiati o discendenti di rifugiati.

Kathmandu, Nepal – Telang, 10; Tenzing, 12
Telang and Tenzing are brothers who live in a monastery very close to the stupa at Swayambunath in the Kathmandu valley. They were born in Nepal to parents who had fled Tibet as children during the uprising in 1959. Although there were a few Tibetans settled in Nepal for thousands of years most all of the 12,000currently living there are refugees or descendants of refugees.

Tibetan Portrait
Ahida 10 months, Sonam 21 months, 1994
50 x 60 cm ca.
Stampa ai sali d'argento / Gelatin silver print

Lhasa, Tibet – Ahida 10 mesi, Sonam 21 mesi
Ahida e Sonam sono bambine musulmane che vivono nei pressi della moschea di Lhasa, la capitale del Tibet. Il padre di Sonam ha detto che da secoli i musulmani vivono in pace a fianco dei buddisti tibetani e che, al momento, migliaia di musulmani abitano in Tibet anche se le loro pratiche religiose sono strettamente controllate dall'Ufficio cinese per gli affari religiosi.

Lhasa, Tibet – Ahida, 10 months; Sonam, 21 months
Ahida and Sonam are Muslim children who live near their mosque in Lhasa, the capital city of Tibet. Sonam's father indicated that the Muslims have peacefully lived alongside Tibetan Buddhists for centuries and that there are currently thousands of Muslims living in Tibet. He said their religious practices are strictly controlled by the Chinese Bureau of Religious Affairs.

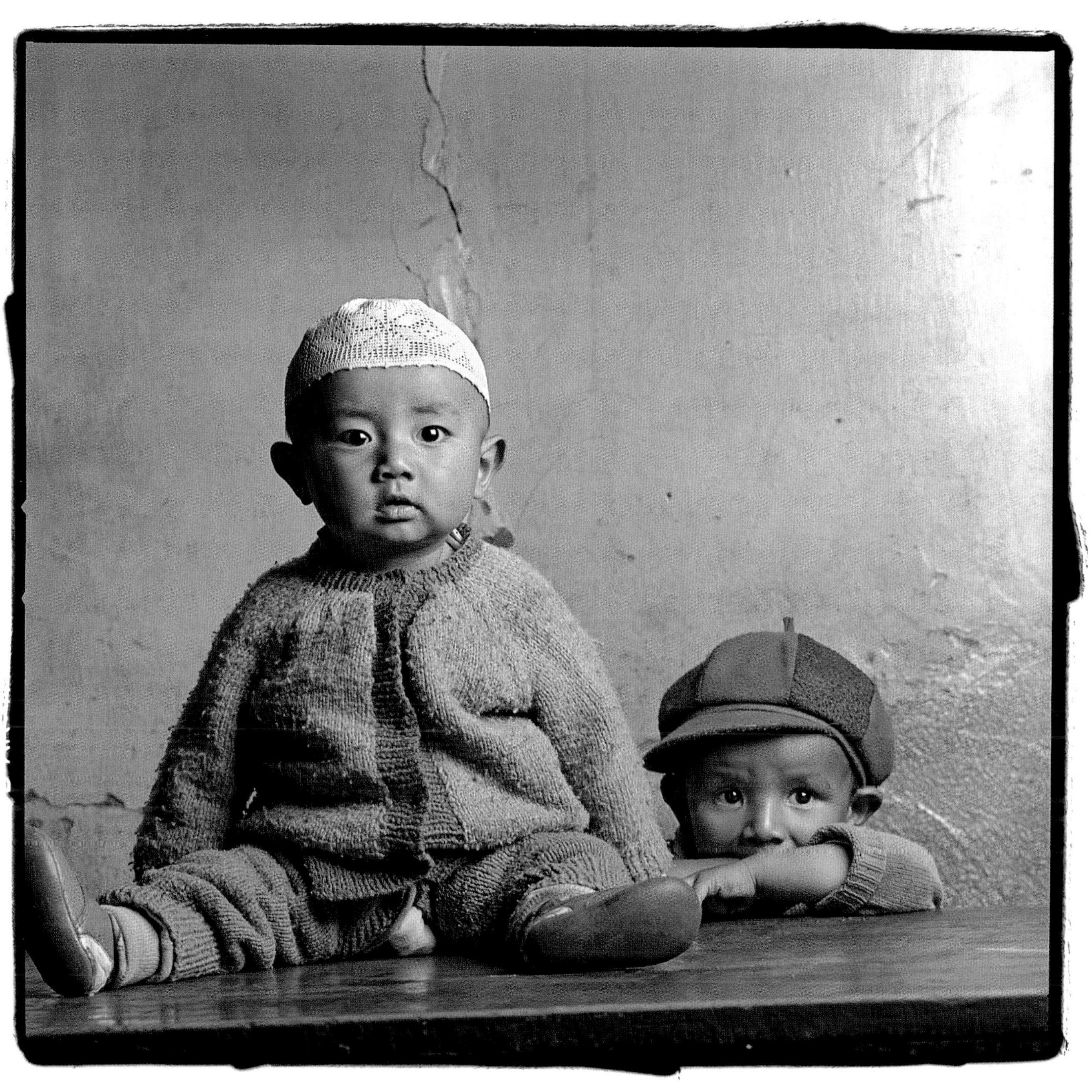

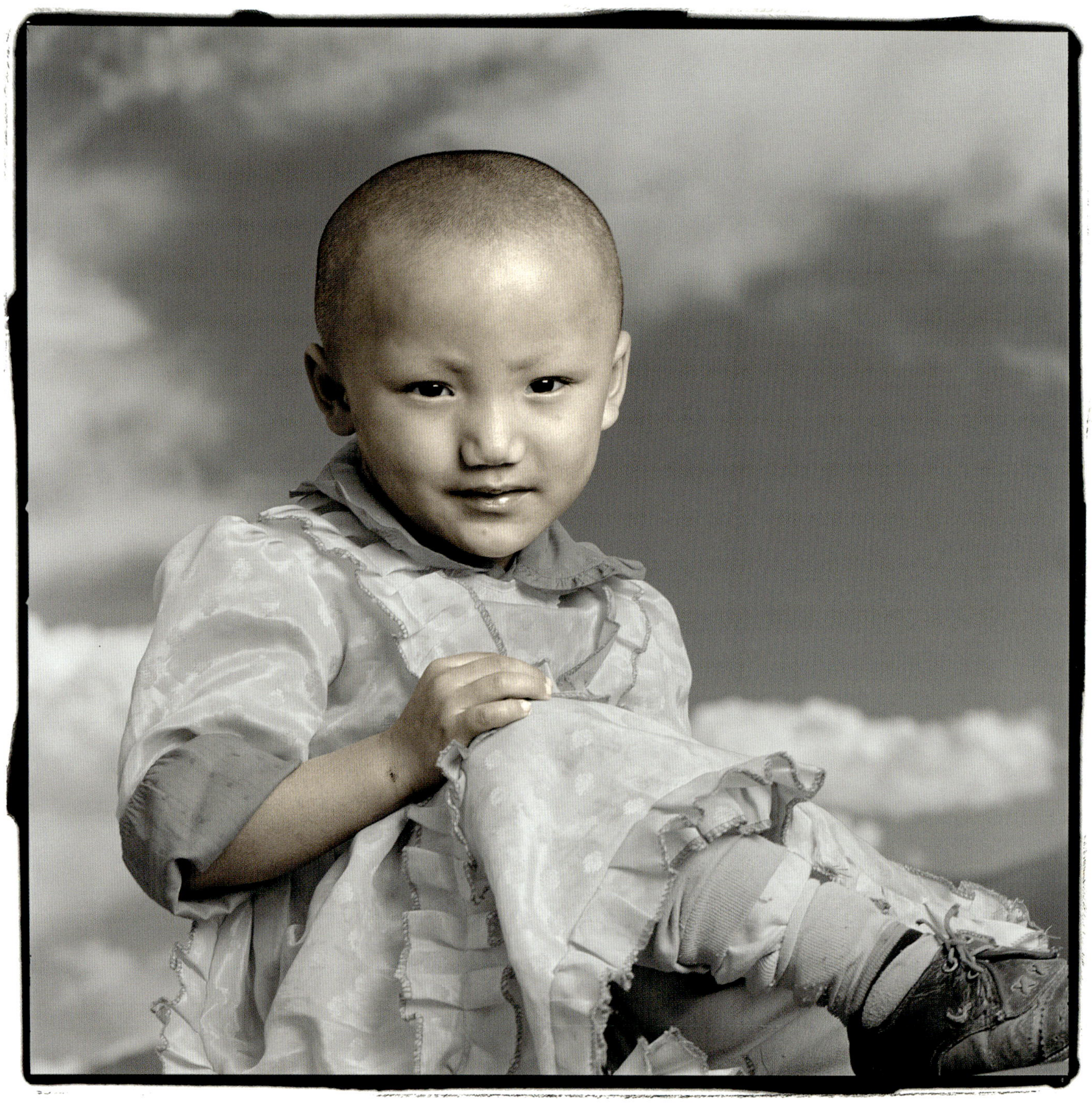

Tibetan Portrait
Samdi, 3, 1994
50 x 60 cm ca.
Stampa ai sali d'argento / Gelatin silver print

Lhasa, Tibet – Samdi 3 anni
Benché abbia solo tre anni, Samdi ha l'atteggiamento di una bambina molto
più grande. Non dimenticherò mai il suo sguardo straordinariamente maturo.
Suo padre ha detto che gli ha già chiesto di diventare monaca. Quando l'ho
notata per la prima volta, stava pregando con il padre al tempio di Jokhang.

Lhasa, Tibet – Samdi, 3
Although she is just three, Samdi has the poise of someone much older. I'll
never forget the extraordinary mature look in her eyes. Her father said that
she is already asking to become a nun. She was praying with her father at
the Jokhang Temple when I first noticed her.

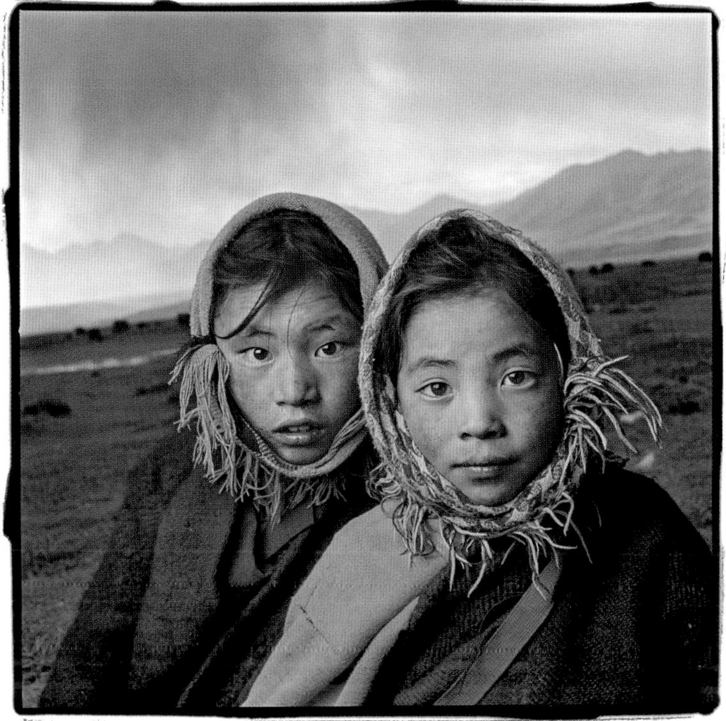 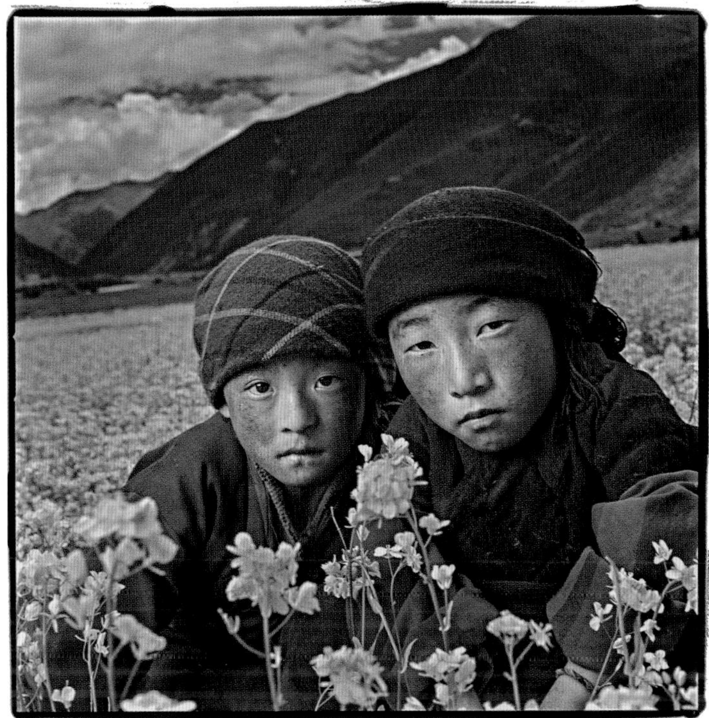

Tibetan Portrait
Dechi 8, Tsering 8, 1994
50 x 60 cm ca.
Stampa ai sali d'argento / Gelatin silver print

Damxung, Tibet – Dechi 8 anni, Tsering 8 anni
Tsering e Dechi sono buone amiche e le loro famiglie nomadi risiedono nella valle di Yanpachen. Mi hanno detto che in zone come questa abbondava la vita selvatica e gli animali non avevano paura dell'uomo perché ogni vita è sacra per buddisti tibetani. Oggi è difficile trovare animali in libertà e molte specie esotiche sono state cacciate praticamente fino all'estinzione.

Damxung, Tibet – Dechi, 8; Tsering, 8
Tsering and Dechi are good friends whose nomadic families reside in the Yanpachen Valley. I was told that in areas such as this, wildlife was plentiful and virtually unafraid of humans due to the sacred treatment of all life by Tibetan Buddhists. Today wildlife is hard to find and many exotic species have been hunted practically to extinction.

Tibetan Portrait
Sisi 8, Norsum 8, 1994 (stampata / printed 1998)
50 x 60 cm ca.
Stampa ai sali d'argento / Gelatin silver print

Parka, Tibet – Sisi 8 anni, Norsum 8 anni
Sisi e Norsum erano rimasti svegli per tutta la notte nel tentativo di salvare un piccolo di capra nato prematuro. Purtroppo era morto, ma spettava comunque a loro la responsabilità di curare e irrigare questo campo di colza. Nonostante la stagione sia molto breve a quasi quattromila metri di altezza, le loro famiglie riescono a coltivare orzo dell'altopiano, fagioli, grano e riso.

Parka, Tibet – Sisi, 8; Norsum, 8
Sisi and Norsum had just stayed up most of the night trying to save a premature baby goat. Unfortunately the goat died and they still had the early morning responsibility for the care and irrigation of this rapeseed field. Even with the extremely short season at an altitude of 12,500 ft their families are able to farm highland barley, beans, corn and rice.

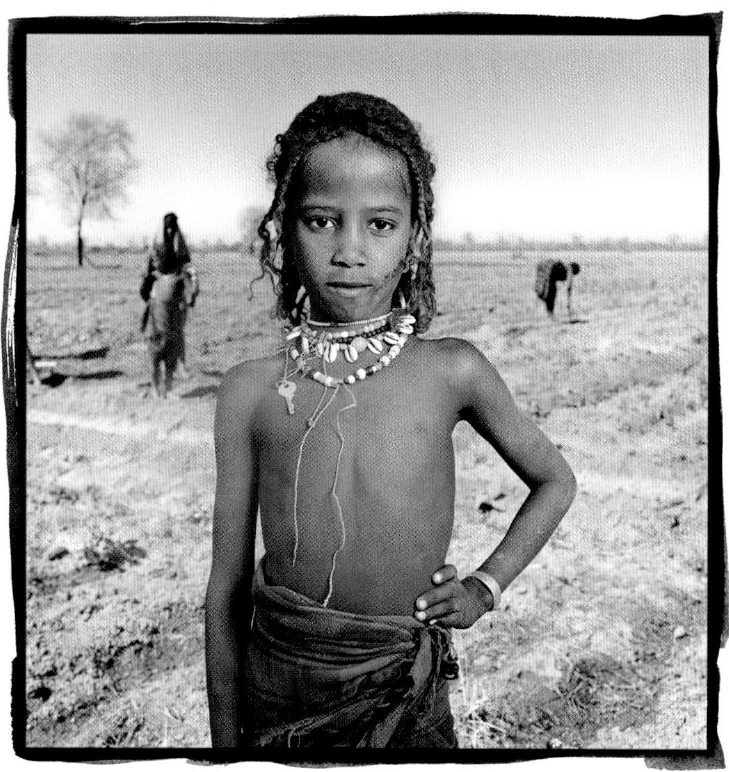 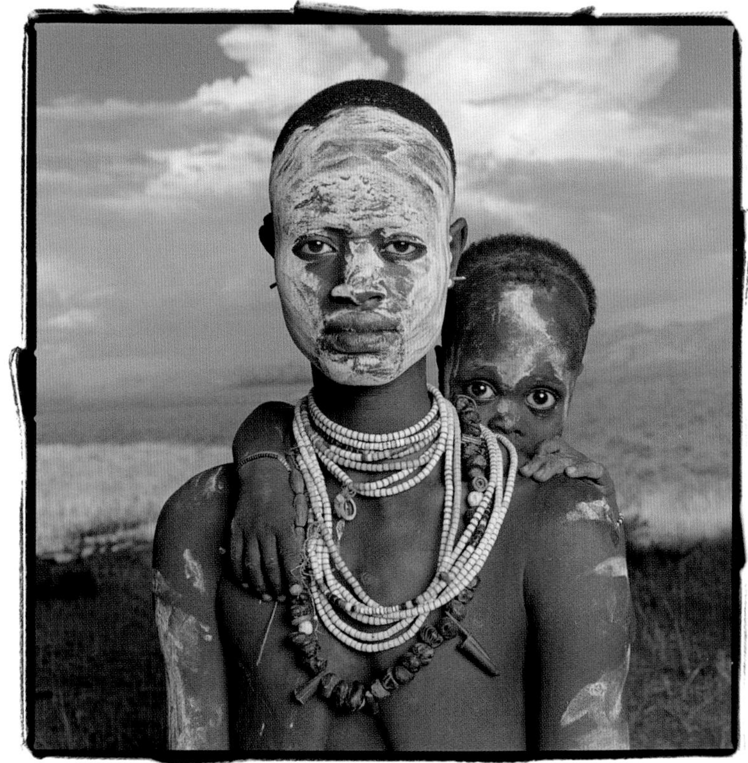

Women Empowered
Howa, 8, 2000
61 x 68 cm ca.
Stampa cromogenica / Chromogenic print

Awash Fentale, Etiopia – Howa 8 anni
Howa sarà la prima femmina nella storia della sua famiglia a non essere circoncisa. A dispetto della morbosità e delle conseguenze a lungo termine per la salute causate dalla procedura, gran parte delle ragazze afar attende con gioia il proprio *salot* (la cerimonia di circoncisione). Ne escono con il rinnovato rispetto da parte della comunità e allora, e solo allora, sono idonee al matrimonio. Una donna non circoncisa sarebbe una vergogna per sé stessa e per la sua famiglia. Prima che gli anziani di Awash Fentale votassero per mettere fine alla circoncisione femminile, praticamente tutte le figlie femmine la subivano prima dei dodici anni.

Awash Fontale, Ethiopia – Howa, 8
Howa will be the first girl in her family's history not to be circumcised. In spite of the morbidity and long-term health consequences due to the procedure, most Afar girls look forward to their *salot* (circumcision ceremony). They emerge from the ceremony with renewed respect in the community and are then, and only then, eligible for marriage. An uncircumcised female would bring shame to herself and her entire family. Before the elders voted to end female circumcision in Awash Fontale essentially 100% of girls were circumcised before the age of 12.

Enduring Spirit
Kalime 22, Algo 3, 1999
50 x 60 cm ca.
Stampa ai sali d'argento / Gelatin silver print

Murile, Etiopia – Kalime 22 anni, Algo 3 anni
Kalime e suo figlio hanno trascorso tutta la giornata al lavoro nel loro campo di granturco. La siccità di quest'anno ha minacciato la crescita delle colture e la sopravvivenza di tutta la tribù, i Karo: oggi ne restano meno di cinquecento. Kalime ha detto che quest'anno hanno avuto da mangiare a sufficienza, ma che nessuno sa che ne sarà della tribù se entro il prossimo anno non pioverà. Tribù Karo.

Murile, Ethiopia – Kalime, 22; Algo, 3
Kalime and her son had just spent the day working in their cornfield. This year's drought has threatened both the growth of their crops and the survival of their entire tribe, the Karo. There are fewer than 500 Karo tribespeople remaining today. Kalime said they have had enough to eat this year, but no one knows what the tribe will do if the rains don't come by next year. Karo Tribe.

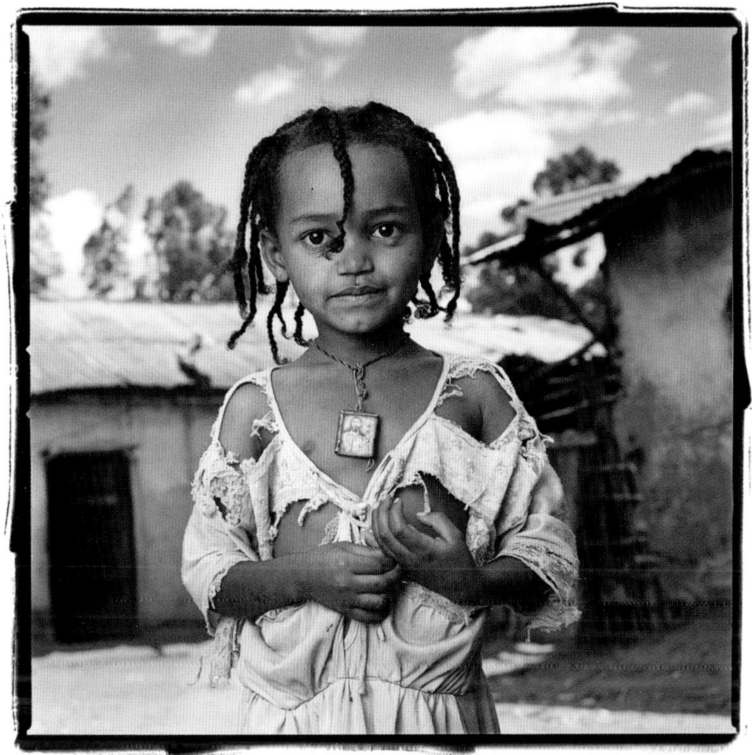 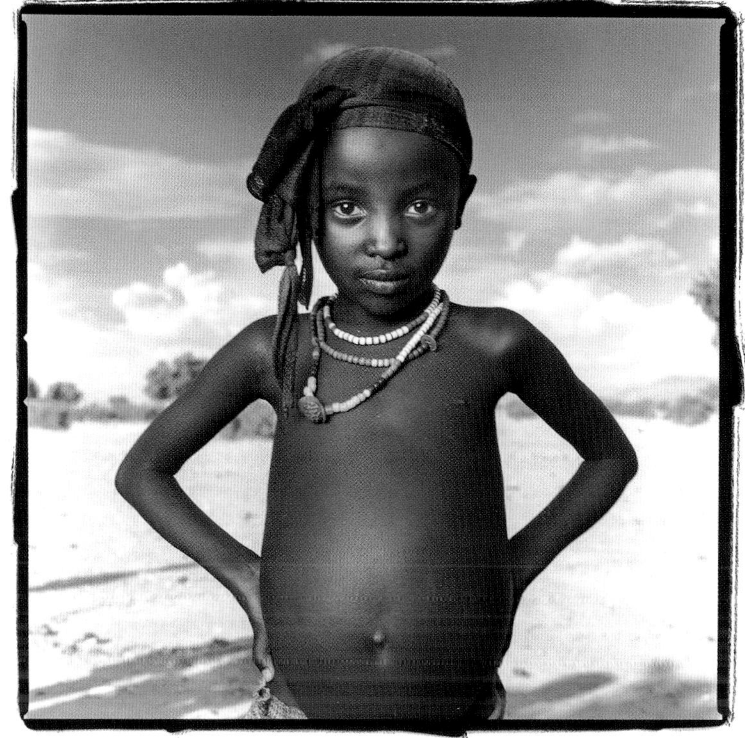

Enduring Spirit
Buzayan, 6, 1997
50 x 60 cm ca.
Stampa ai sali d'argento / Gelatin silver print

Junka, Etiopia – Buzayan 6 anni
Buzayan vive con la madre e tre sorelle maggiori in un piccolo villaggio in Etiopia. Il padre aveva accettato un lavoro di poliziotto in una città vicina, poi ha abbandonato la famiglia per un'altra donna. Anche se per lei è molto oneroso, la madre di Buzayan è decisa a dare un'istruzione a tutte le figlie. Quando ho chiesto a Buzayan del suo asilo, ha lanciato gridolini di gioia e ha cominciato a saltare su e giù. Tribù Bana.

Junka, Ethiopia – Buzayan, 6
Buzayan lives with her mother and three older sisters in a small Ethiopian village. Her father took a job as a policeman in a neighboring town and later abandoned the family for another woman. Even though it is very expensive for her, Buzayan's mother is committed to keeping all the children in school. When I asked Buzayan about kindergarten, she squealed with delight and started jumping up and down. Bana Tribe.

Enduring Spirit
Sini, 5, 1997
50 x 60 cm ca.
Stampa ai sali d'argento / Gelatin silver print

Villaggio di Ebore, Etiopia – Sini 5 anni
Sini aveva trascorso la mattina a lavorare con il fratello nel campo di sorgo della loro comunità. Quando ho preparato le attrezzature per le foto, si è radunata una piccola folla. Dopo qualche scatto, tutti sono balzati in piedi all'improvviso e sono fuggiti, lasciandomi da solo a chiedermi cosa fosse accaduto. Ho saputo in seguito che avevano avvistato un guerriero della vicina tribù Hamar che entrava nel loro territorio.

Ebore Village, Ethiopia – Sini, 5
Sini had spent the morning working with her brother in their community sorghum field. When I set up my equipment to take her photo, a small crowd gathered. After I had taken a few shots, suddenly everyone leaped up and bolted from the scene, leaving me standing there alone and wondering what had happened. I later learned that a warrior from the neighboring Hamar tribe had been seen entering their territory.

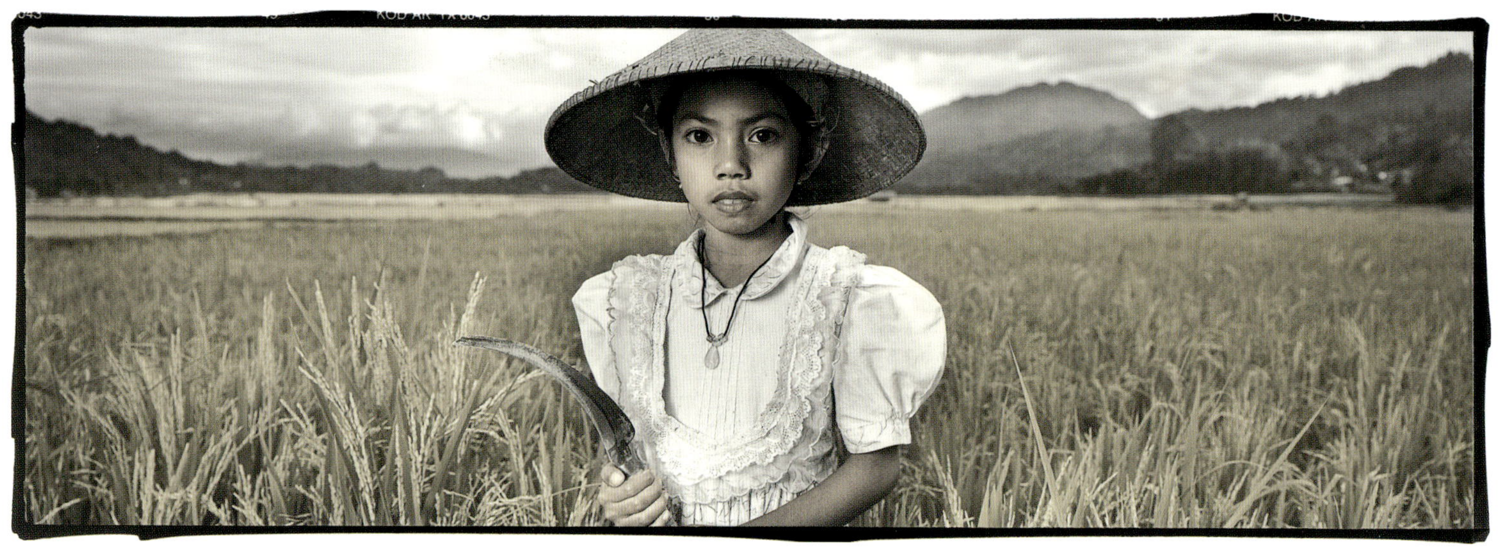

Enduring Spirit
Irma, 9, 1996
88 x 40 cm ca.
Stampa ai sali d'argento / Gelatin silver print

Tana Toraja, Indonesia – Irma 9 anni
Quando l'ho vista, Irma era appena arrivata a casa da scuola. Ha appoggiato
il libro, ha preso un falcetto e si è fatta strada in questa grande risaia. Nel
giro di pochi minuti l'hanno raggiunta circa quaranta persone del villaggio
tra uomini, donne e bambini. Hanno cominciato ai margini lavorando verso il
centro. In meno di un'ora, avevano tagliato e ammucchiato tutto il raccolto.
A Tana Toraja la gran parte delle coltivazioni è collettiva.

Tana Toraja, Indonesia – Irma, 9
Irma had just arrived home from school when I saw her. She set down her
book, picked up a scythe and waded into this large rice field. Within minutes
she was joined by some forty men, women and children from her village.
They started from the edge of the field and worked toward the center. In less
than an hour, they had cut and stacked the entire crop. Most of the farming is
done collectively in Tana Toraja.

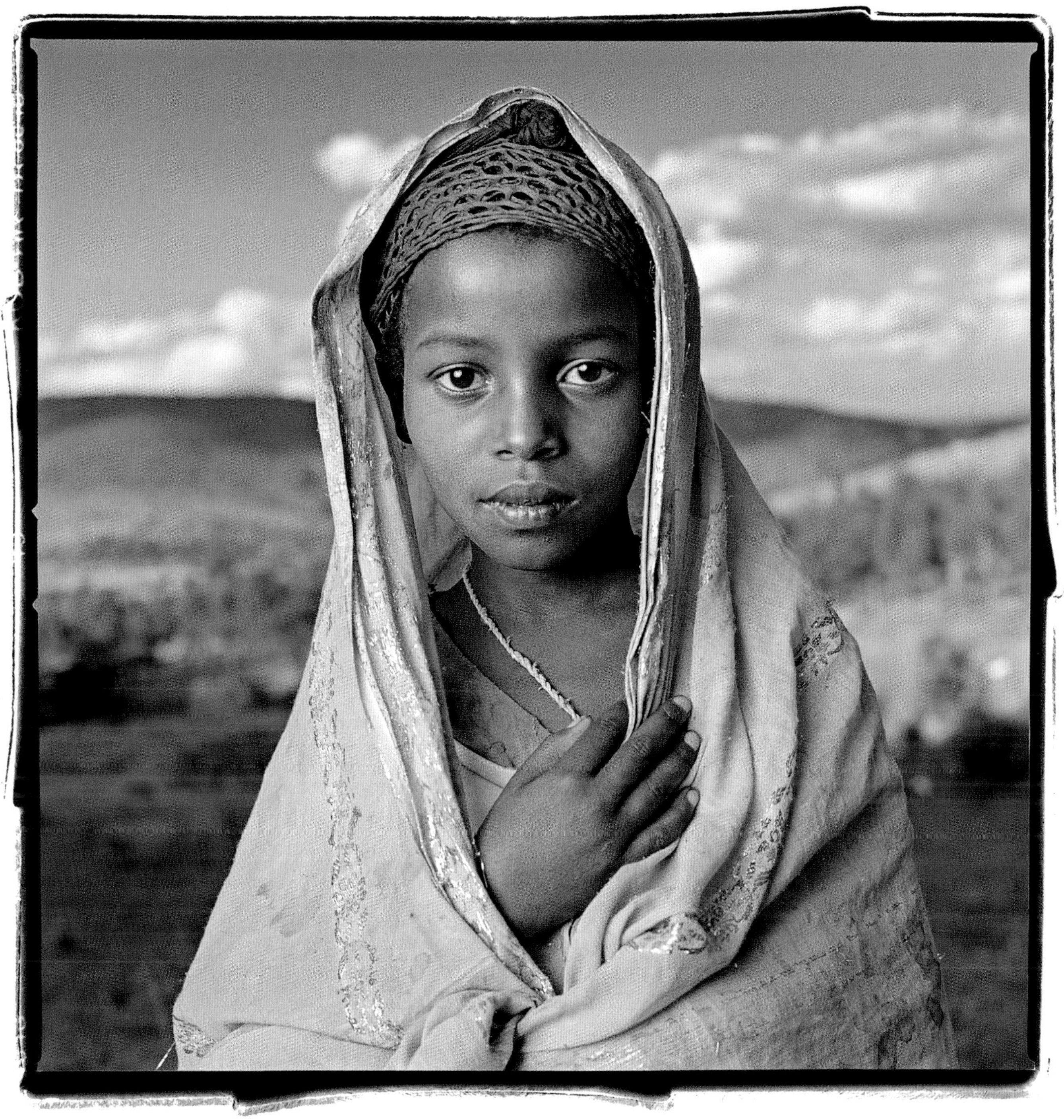

Enduring Spirit
Mimi, 8, 1991
50 x 60 cm ca.
Stampa ai sali d'argento / gelatin silver print

Yavello, Etiopia – Mimi 8 anni
Mimi, che è una di cinque figli, passa gran parte del suo tempo a raccogliere
legna da ardere e acqua. Presto i suoi genitori sceglieranno quale dei
bambini mandare a scuola. Mimi ha detto che le piacerebbe molto, ma che
non pensa che ci andrà: non solo il suo contributo è fondamentale per la
sopravvivenza della famiglia, ma per tradizione i genitori preferiscono che
siano i maschi, e non le femmine, ad avere un'istruzione.

Yavello, Ethiopia – Mimi, 8
As one of five children, Mimi spends most of her day collecting firewood
and water. Her parents will soon choose which one of their children will go
to school. Mimi said she would love to go but doesn't believe she will: not
only is her help crucial to the family's survival, but parents also customarily
choose boys over girls to receive an education.

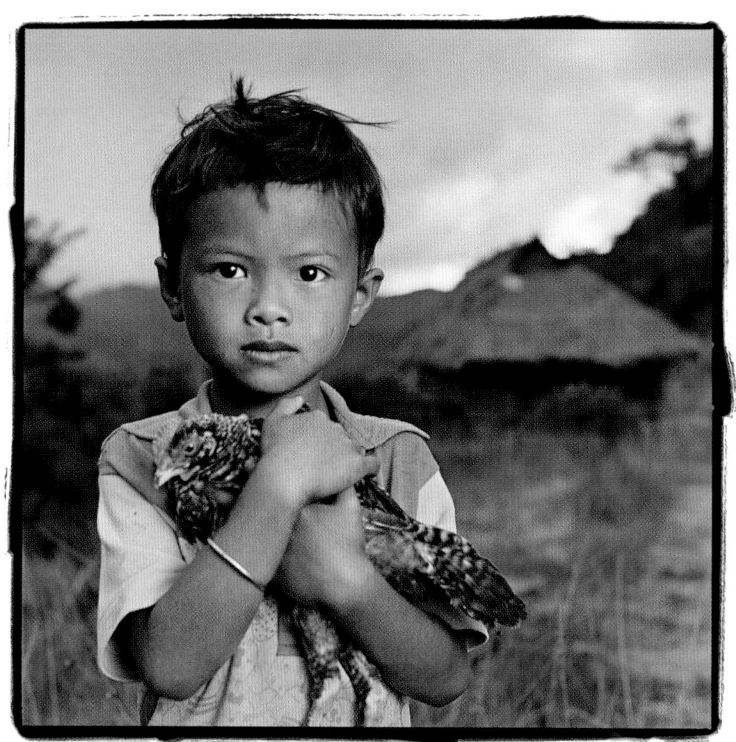 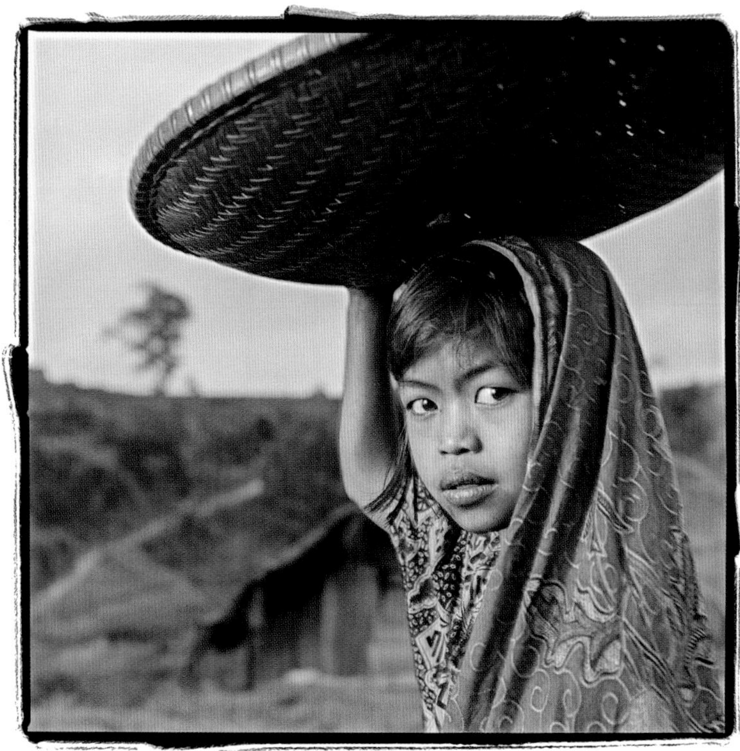

Enduring Spirit
Rudi, 7, 1996
50 x 60 cm ca.
Stampa ai sali d'argento / Gelatin silver print

Tana Toraja, Indonesia – Rudi 7 anni
Il piccolo villaggio di Rudi si trova tra le montagne dell'isola di Sulawesi, a
un giorno di cammino dalla strada più vicina. Mi ha accompagnato nella sua
casa, di una sola stanza, dove molti abitanti del villaggio si affollavano intorno
a un piccolo televisore e guardavano Mike Tyson combattere contro Evander
Holyfield. Dopo il mio arrivo, gli sguardi si spostavano di continuo tra me e
lo schermo. Quando Tyson ha battuto l'avversario, non ho potuto evitare di
chiedermi cosa questa gente pensasse di me e della mia cultura.

Tana Toraja, Indonesia – Rudi, 7
Rudi's small village is a day's walk from the nearest road in the mountains
of Sulawesi. He took me to his one-room house where many of the villagers
were crowded around a small television watching Mike Tyson fight Evander
Holyfield. After my arrival, all eyes were in constant motion between me and
the television set. As Tyson bit his opponent, I couldn't help but wonder what
these people thought of me and my culture.

Enduring Spirit
Lena, 9, 1996
50 x 60 cm ca.
Stampa ai sali d'argento / Gelatin silver print

Tana Toraja, Indonesia – Lena 9 anni
Lena viene da una famiglia di sei figli, ma sono rimaste a casa solo lei e
la sorella di quattro anni. Tutti i fratelli maggiori se ne sono andati da Tana
Toraja in cerca di un impiego nelle grandi città dell'Indonesia, una scelta
tipica dei giovani di Toraja fin dagli anni sessanta. Per una società che
ancora attribuisce grande valore alla continuità famigliare e alla vicinanza, la
partenza di un'intera generazione di giovani è stata devastante.

Tana Toraja, Indonesia – Lena, 9
Lena comes from a family of six children; however, only she and her four-
year-old sister remain at home. Her older brothers have all left Tana Toraja
to seek employment in the larger cities of Indonesia – a typical pattern
for Toraja's young people since the late 1960s. In a society where family
continuity and closeness are still intensely valued, this departure of a whole
generation of youth has been quite devastating.

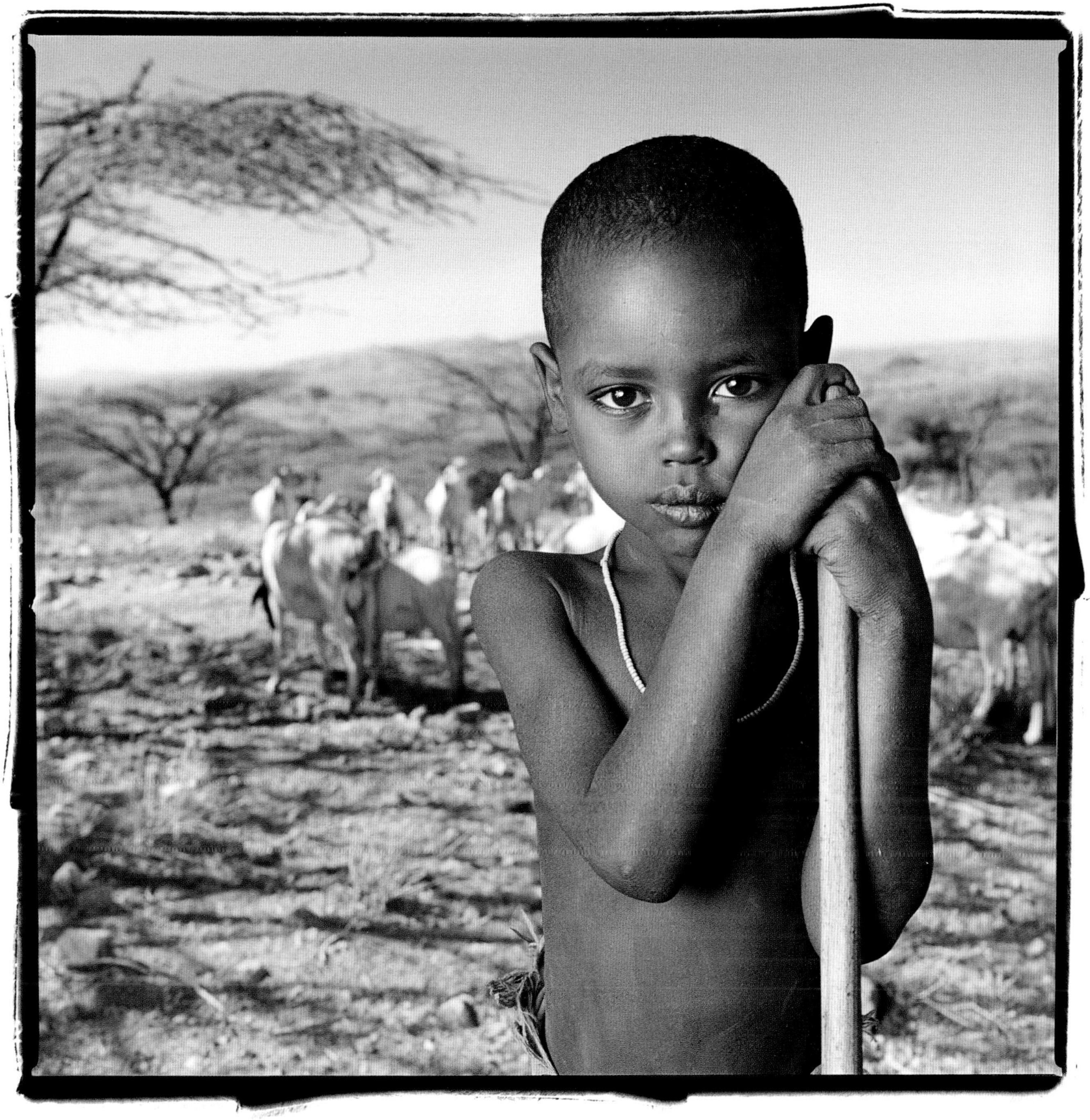

Enduring Spirit
Kinesi, 6, 1997
50 x 60 cm ca.
Stampa ai sali d'argento / Gelatin silver print

Monte Nyiru, Kenya – Kinesi 6 anni
Kinesi aiuta spesso il fratello maggiore a curare le capre di famiglia. Lui è l'unico di sette figli che, per scelta dei genitori, frequenta la scuola. Poiché la sua famiglia, di etnia Samburu, è semi-nomade, a volte deve camminare da solo per quasi quattro ore – in una zona popolata di babbuini e leopardi – per arrivare all'unica scuola del suo distretto. La madre dice che Kinesi corre per gran parte del percorso, non per paura dei predatori, ma per l'entusiasmo che prova per la scuola.

Mount Nyiru, Kenya – Kinesi, 6
Kinesi often helps his older brother take care of the family goats. He is the only one of seven children who was selected by his parents to attend school. Since his Samburu family is semi-nomadic, sometimes he must walk alone nearly four hours – over terrain populated by baboons and leopards – to get to the only school in his district. His mother says that Kenesi runs most of the way – not from fear of predators, but from the excitement of school.

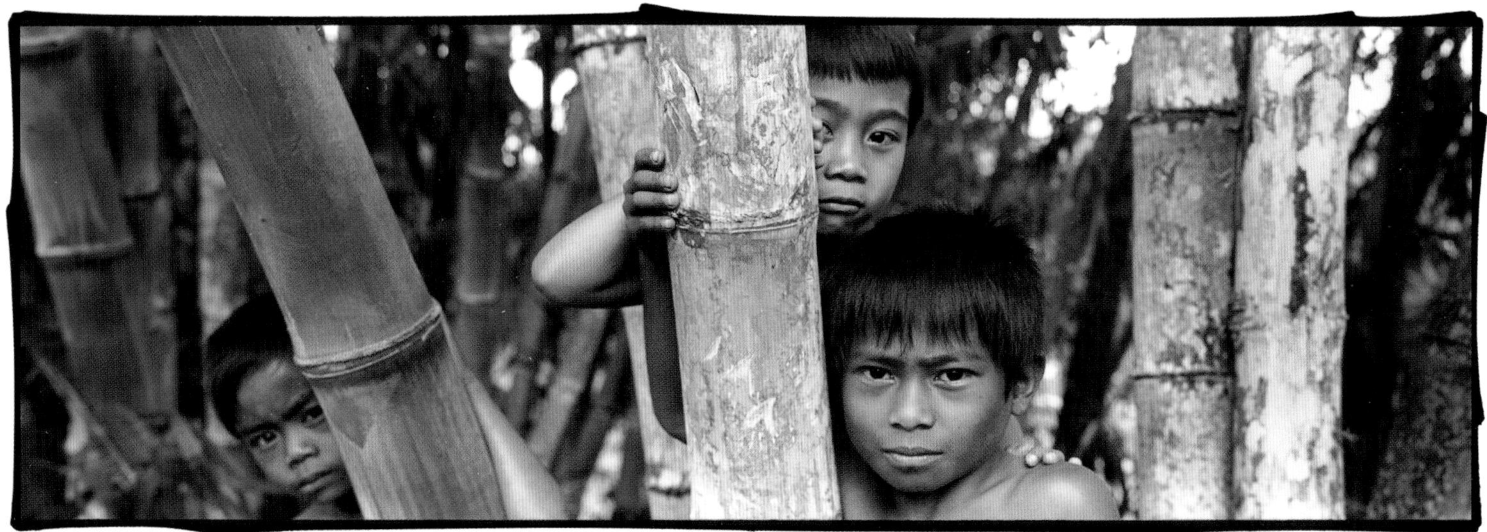

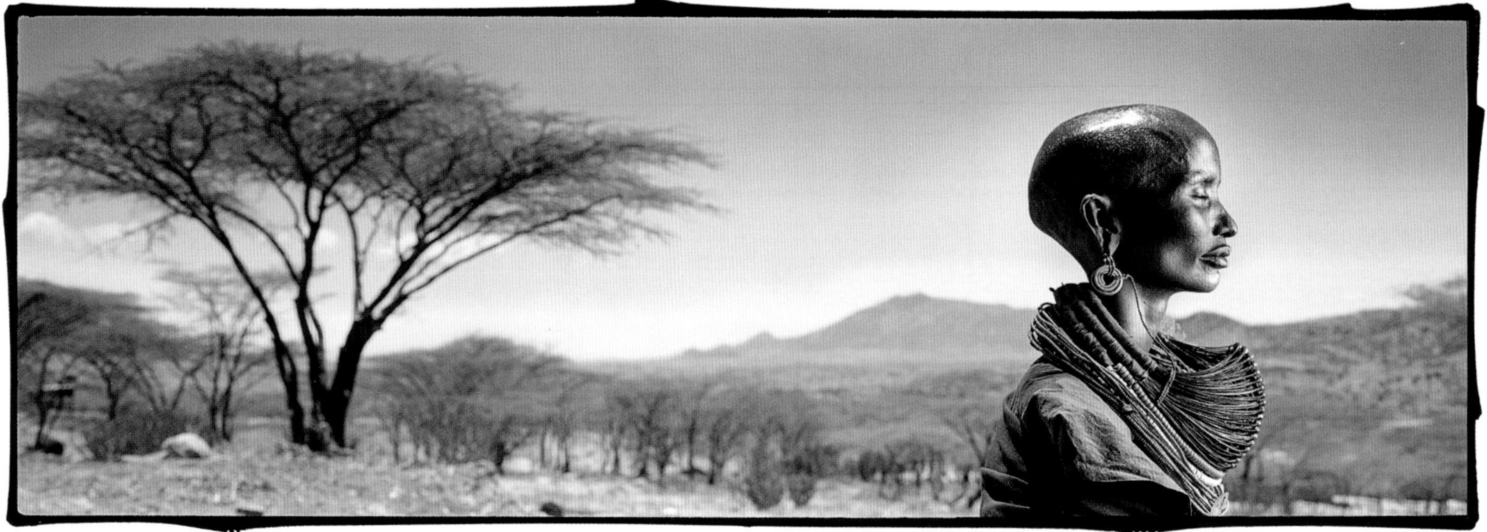

Enduring Spirit
Aldo 10, Erpi 7, Rosie 7, 1997
88 x 40 cm ca.
Stampa ai sali d'argento / Gelatin silver print

Tana Toraja, Indonesia – Aldo 10 anni, Erpi 7 anni, Rosie 7 anni
Aldo e i suoi amici hanno appena passato la mattina a lavare nel fiume due bufali d'acqua della sua famiglia. Aldo si è visto assegnare la responsabilità delle due bestie quando ha compiuto 8 anni. Sono valutati all'incirca 800 dollari l'uno, e rappresentano oltre un terzo della ricchezza dei suoi genitori. Tra due mesi, in occasione del funerale di uno zio, entrambi verranno uccisi. Il funerale è stato rimandato fino alla conclusione dell'ultima cerimonia del riso per non combinare i riti della vita con quelli della morte.

Tana Toraja, Indonesia – Aldo, 10; Erpi, 7; Rosie, 7
Aldo and his friends had just spent the morning washing two of his family's water buffalo in the river. When he turned eight, Aldo was given the responsibility of tending the two buffalo. Valued at close to $800 each, they represent more than one-third of his parents' wealth. They will both be slaughtered at his uncle's funeral in two months. The funeral is being delayed until the last rice-harvest ceremony is completed, so as not to mix the rites of life with those of death.

Enduring Spirit
Sukulen, 37, 1997
88 x 40 cm ca.
Stampa ai sali d'argento / Gelatin silver print

Monte Nyiru, Kenya – Sukulen 37 anni
Da ragazza, Sukulen ha cominciato ad avere attacchi di vertigini e a sentire voci. Dice di essersi spaventata pensando a una malattia. La nonna l'aveva rassicurata dicendole che era sana e, anzi, aveva un grande dono. Adesso Sukulen è una "veggente" molto rispettata nella sua tribù. Due mesi prima del mio arrivo, aveva detto a parecchie persone del villaggio che io sarei capitato lì, aveva descritto nei particolari il mio aspetto e le attrezzature che usavo. Tribù Samburu.

Mt. Nyiru, Kenya – Sukulen, 37
As a young girl, Sukulen began having dizzy spells and hearing voices. She said she was very frightened and thought she was getting ill. Her grandmother assured her that she was healthy and was, in fact, very gifted. Sukulen is now a highly respected "predictor" in her tribe. Two months before I arrived, she had told several people in her village that I was coming, and had described in detail my appearance and the equipment I was using. Samburu Tribe.

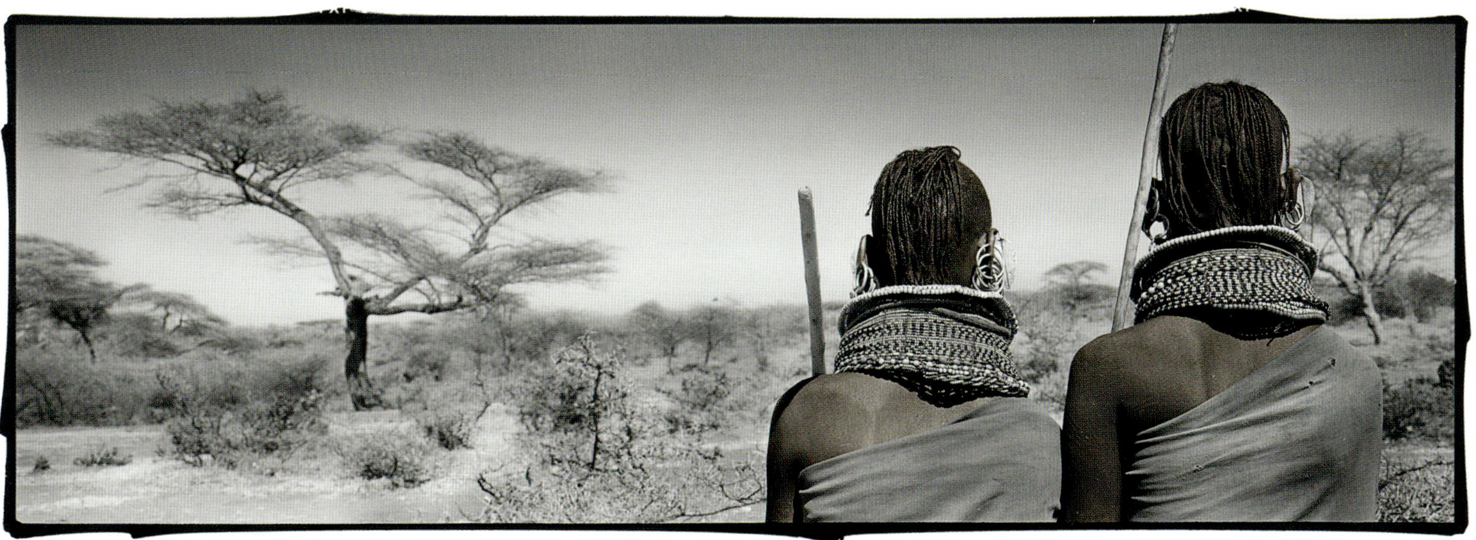

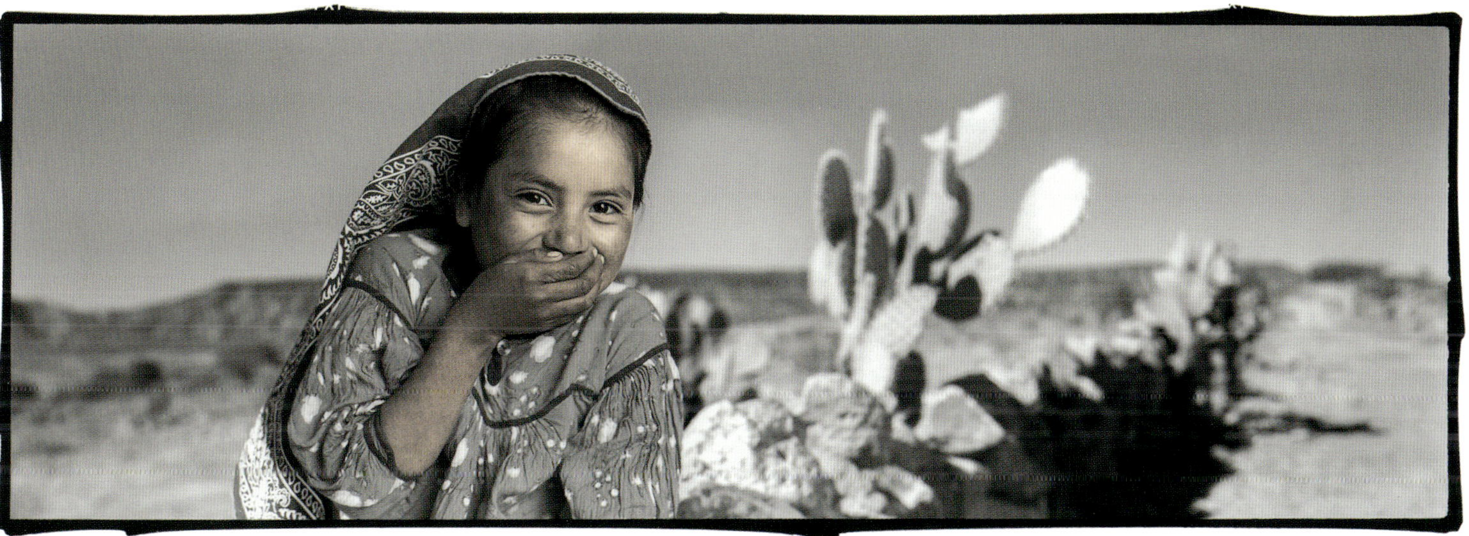

Enduring Spirit
Echuka 24, Eragai 21, 1997
88 x 40 cm ca.
Stampa ai sali d'argento / Gelatin silver print

Baragoi, Kenya – Echuka 24 anni, Eragai 21 anni
Meno di un mese prima, i ladri di bestiame del Sudan erano arrivati molto vicini al piccolo gruppo di capanne, i *manyatta*, di Echuka ed Eragai. Temendo per la loro vita, le due donne avevano preso i bambini ed erano fuggite nel deserto nascondendosi per tutta la notte. Negli ultimi tre anni, i predatori sudanesi armati di AK-47 hanno ucciso migliaia di turkana per rubare il loro bestiame. Poiché il territorio dei turkana è molto isolato, questa tragedia *in fieri* non ha suscitato alcuna protesta o pubblicità a livello internazionale. Tribù Turkana.

Baragoi, Kenya – Echuka, 24; Eragai, 21
Less than one month before, cattle raiders from the Sudan had come very close to Echuka and Eragai's small group of huts, or *manyatta*. Fearing for their lives, the two women took their children and ran out into the desert, hiding all night. In the last three years, Sudanese raiders armed with AK-47s have killed thousands of the Turkana in order to steal their cattle. Because the Turkana territory is so remote, this ongoing tragedy has scarcely provoked any international protest or publicity. Turkana Tribe.

Enduring Spirit
Silvia, 9, 1996
88 x 40 cm ca.
Stampa cromogenica / Chromogenic print

Huejuquilla El Alto, Messico – Silvia 9 anni
Silvia e sua sorella hanno appena compiuto il difficile viaggio di dieci ore dalla loro casa di montagna a Santa Caterina per portare i loro braccialetti intrecciati da mettere in vendita all'Huicol Center for Cultural Survival. Ne hanno consegnati dodici, e hanno preso perline sufficienti per diverse settimane. Il mese precedente, i loro lavori erano stati pubblicati sul periodico "Elle" come accessori indossati dalle modelle. Quando ho mostrato a Silvia una Polaroid che la ritraeva, non riusciva a smettere di ridere.

Huejuquilla El Alto, Mexico – Silvia, 9
Sylvia and her sister had just made the difficult 10-hour trip from their mountain home in Santa Catarina to bring their beaded wristbands to sell at the Huichol Center for Cultural Survival. They turned in 12 wristbands and picked up enough beads to keep them working several weeks more. The previous month, their beadwork had appeared as accessories on top models in *Elle* magazine. After I showed Silvia a Polaroid of herself, she couldn't stop laughing.

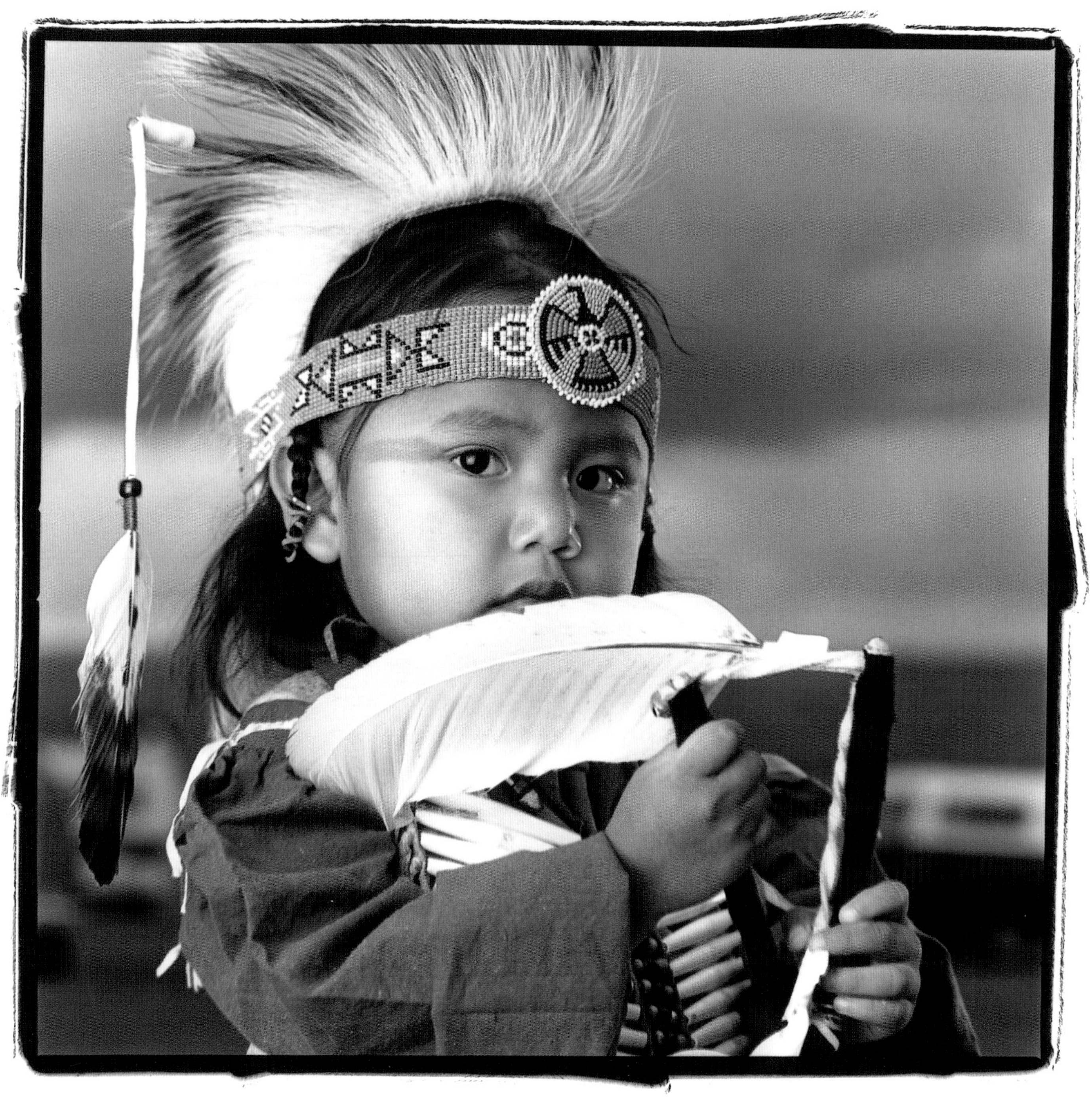

Enduring Spirit
Alan Slickpoo III, 18 months, 1993
61 x 68 cm ca.
Stampa cromogenica / Chromogenic print

Lewiston, Idaho (Stati Uniti) – Alan Slickpoo III, 18 mesi
Ho osservato Alan danzare instancabilmente per quasi un'ora durante un *powwow*, entrando e uscendo dalla cerchia dei danzatori adulti. Sua madre mi ha detto: "Balla da quando ha imparato a camminare. Sente i tamburi e via, corre a danzare. È meraviglioso. In questo modo si ricordano gli usi di una volta che vengono insegnati ai giovani. Torneremo." Tribù dei Nasi Forati e degli Yakama.

Lewiston, Idaho (United States) – Alan Slickpoo III, 18 months
I watched Alan as he danced tirelessly for nearly an hour at a *powwow*, working his way in and out of the adult dancers. His mother told me, "He has been dancing since he was able to walk. He feels the drums and, bang, he's out there dancing. It's wonderful. Old ways are being remembered and taught to the young. We're coming back". Nez Perce-Yakima tribes.

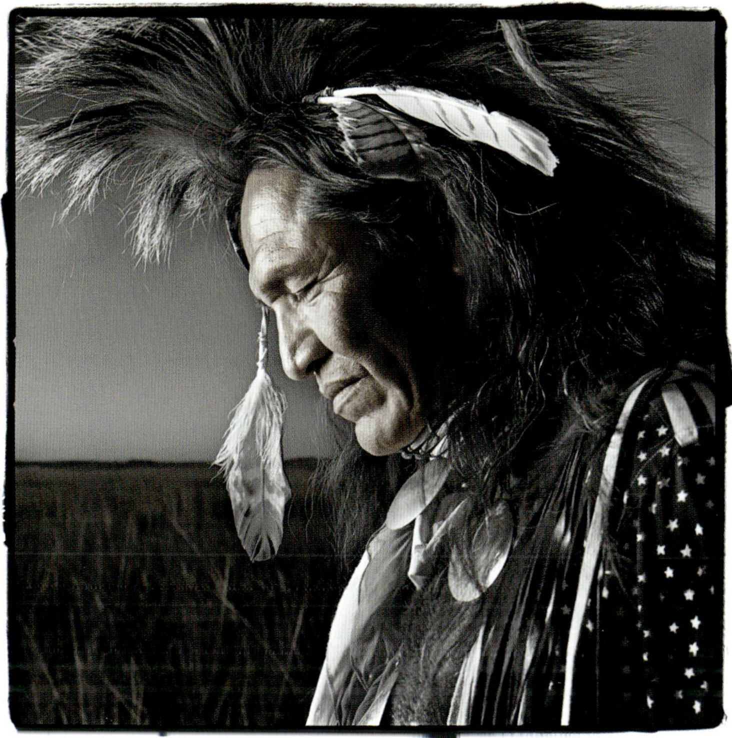 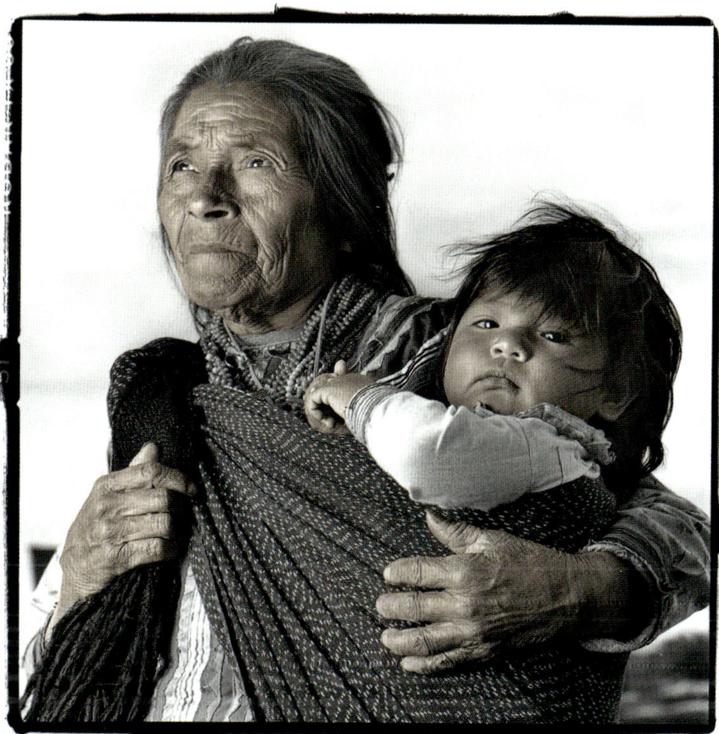

Enduring Spirit
Roy Pete, 44, 1995
50 x 60 cm ca.
Stampa ai sali d'argento / Gelatin silver print

Crow Agency, Montana (Stati Uniti) – Roy Pete 44 anni
Da bambino, Roy Pete aveva "visioni del mio popolo che tornava a casa."
Sono ormai vent'anni che partecipa ai *powwow*, e secondo lui, danzando
nel cerchio cerimoniale, vengono alla luce molte emozioni. "Arrivi a capire
che sei parte di un processo molto più vasto nel quale ti senti particolarmente
coinvolto," mi ha detto. "È come aver la sensazione di ritornare." Roy lavora nel
Wyoming come sviluppatore di software.

Crow Agency, Montana (United States) – Roy Pete, 44
When he was a child, Roy Pete had 'visions of my people coming home.'
Having attended *powwows* now for 20 years, he says many feelings
come up while one is dancing in the ceremonial circle. 'You come to an
understanding that you are part of a much larger process and very connected
to it,' he told me. 'It is such a feeling of returning.' Roy works
as a software engineer in Wyoming.

Enduring Spirit
Dimichia 68, Sinchi 14 months, 1990
50 x 60 cm ca.
Stampa ai sali d'argento / Gelatin silver print

Santa Teresa, Messico – Dimichia 68 anni, Sinchi 14 mesi
Sinchi è la bisnipote di Dimichia. Fra pochi giorni, Sinchi e i suoi genitori
partiranno per un pellegrinaggio di 120 chilometri verso una località sacra
tra le montagne frastagliate della Sierra Madre per cercare gli hikuri, i piccoli
cactus peyote. Dimichia resterà a casa: tutti e tre prenderanno il peyote e,
avvalendosi di una telepatia intuitiva, condivideranno il pellegrinaggio e le
cerimonie. Huichol.

Santa Teresa, Mexico – Dimichia, 68; Sinchi, 14 months
Sinchi is Dimichia's great-granddaughter. In a few days, Sinchi and her
parents will leave on a 75-mile pilgrimage to a sacred location in the rugged
Sierra Madre mountains to hunt for hikuri, the small peyote cactus. Although
Dimichia will stay at home while Sinchi's parents search for hikuri, all three
will take peyote and – using a type of intuitive telepathy – share in the
pilgrimage and ceremonies. Huichol.

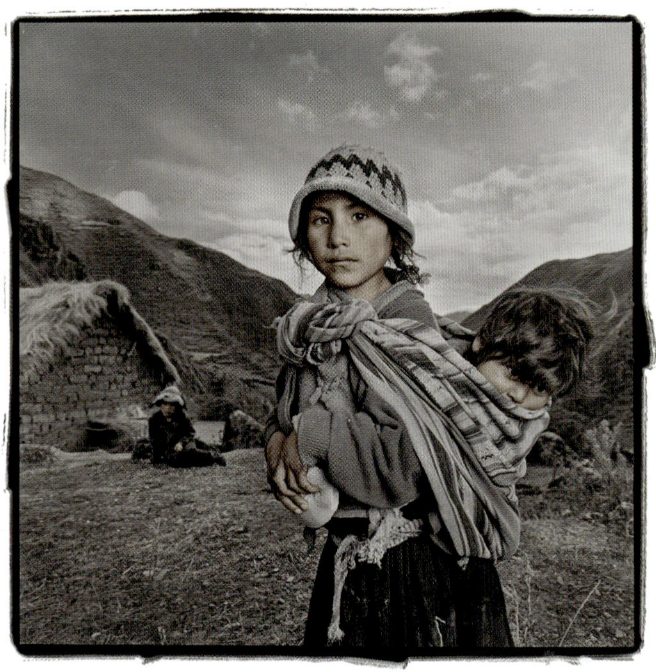 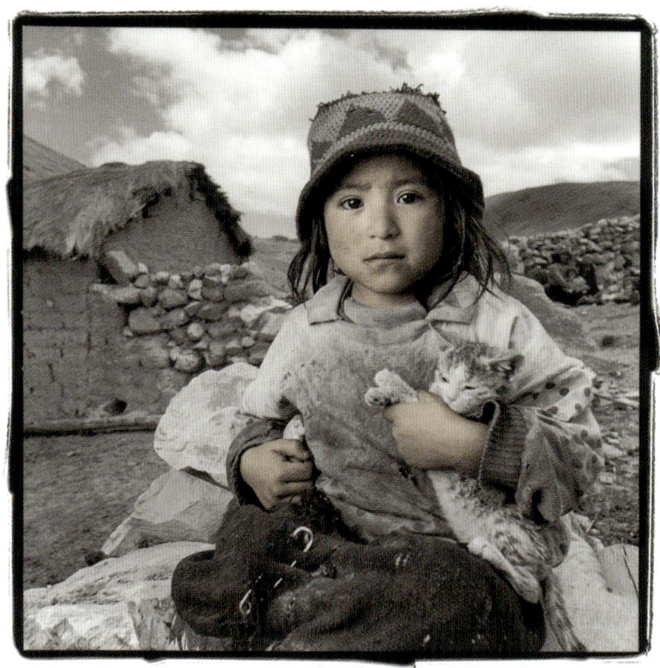

Enduring Spirit
Lourdes 9, Benigno 18 months, 1996
50 x 60 cm ca.
Stampa ai sali d'argento / Gelatin silver print

Quechua. Willoq, Perù – Lourdes 9 anni, Benigno 18 mesi
Lourdes (9 anni) si alza alle cinque del mattino per portare le mucche
in montagna prima che cominci la scuola. Finite le lezioni, va a recuperare
le bestie arrampicandosi per quasi cinque chilometri, poi torna a casa e aiuta
la madre a preparare la cena. Per quasi tutta la giornata, porta con sé la
sorella Benigno (18 mesi). A scuola parla correntemente il quechua, la sua
lingua madre, ma il prossimo anno l'insegnamento sarà in spagnolo.

Quechua. Willoq, Peru – Lourdes, 9; Benigno, 18 months
Lourdes (age 9) gets up at five o'clock in the morning to take her cows up
the mountain before school begins. After school she makes the three-mile
trek back up the mountain to retrieve the cows and returns home to help
her mother cook dinner. She carries her sister Benigno (age 18 months)
with her most of the day. At school she currently speaks Quechua, her native
language, but next year she will be taught in Spanish.

Enduring Spirit
Leonarda, 4, 1998
50 x 60 cm ca.
Stampa ai sali d'argento / Gelatin silver print

Chahuatire, Perù – Leonarda, 4 anni
Quando sono arrivato al piccolo villaggio di Leonarda, molte famiglie stavano
lavorando nel campo di patate comune. Anche se ha solo quattro anni,
Leonarda ha la responsabilità di radunare le pecore. Quasi tutte le comunità
quechua coltivano, cucinano e costruiscono case collettivamente. Si possono
vedere nei campi persino i bambini che hanno appena imparato a camminare
e contribuiscono scacciando gli uccelli e coprendo i semi appena piantati.

Chahuatire, Peru – Leonarda, 4
Several families were working on their communal potato field when I arrived
at Leonarda's small village. Although only 4, she has the responsibility of
herding the sheep. Cultivating, cooking, and home construction are done
collectively in most Quechua communities. Even children who have just
learned to walk can be seen helping in the fields by chasing birds away
and covering the newly planted seeds.

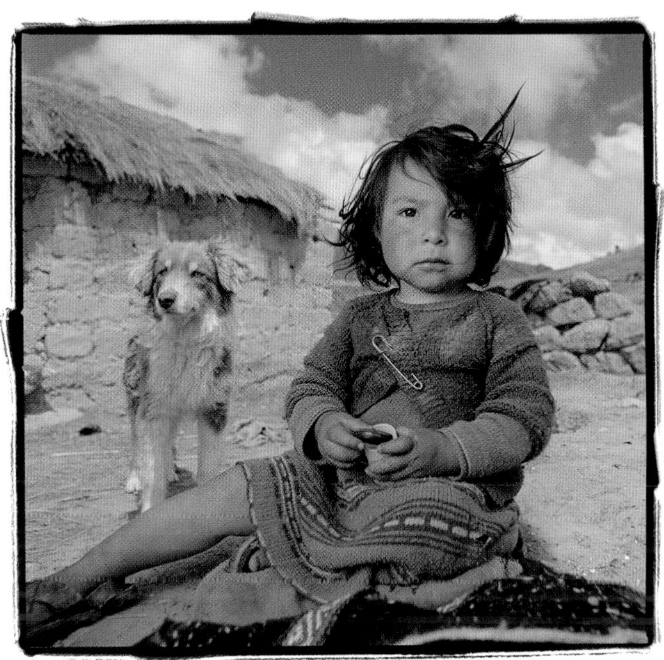 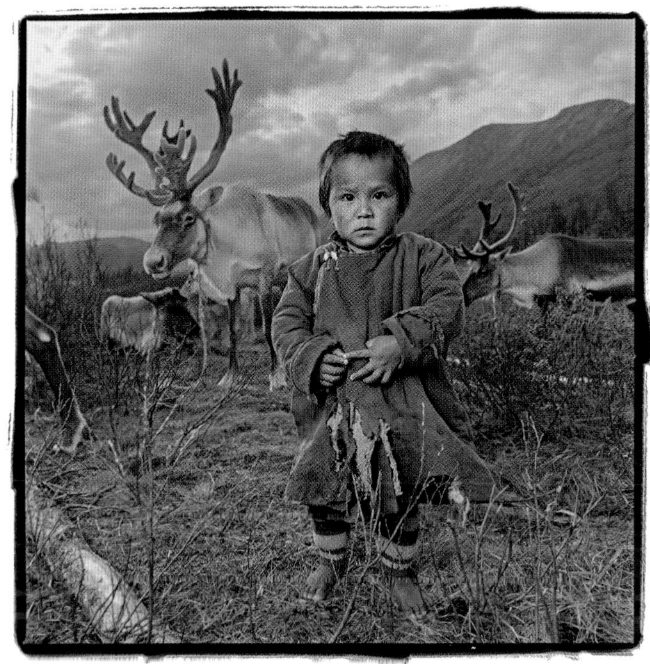

Enduring Spirit
Vicentina, 15 months, 1999
50 x 60 cm ca.
Stampa ai sali d'argento / Gelatin silver print

Ollantaytambo, Perù – Vicentina 15 mesi
Il padre e la madre di Vicentina si sono conosciuti tre anni fa mentre lei
vendeva legna da ardere a un mercato a diversi chilometri di distanza dal
villaggio di lui. Quando è stata concepita Vicentina, hanno costruito una
casa sulla montagna e sono andati a vivere insieme. Le coppie quechua non
hanno la consuetudine di sposarsi, anche se restano monogame. Come quasi
tutte le madri quechua, quella di Vicentina la allatterà fino quasi ai tre anni
utilizzando questo come metodo contraccettivo. Quechua.

Ollantaytambo, Perù – Vicentina, 15 months
Vicentina's father met her mother three years ago while selling firewood
at a market several miles from his village. Once Vicentina was conceived,
the couple built a home in the mountains and moved in together. It is not
the custom of the Quechua for couples to marry; however, they remain
monogamous. Like most Quechua mothers, Vicentina's will breast-feed her
until she is almost three years old as a method of contraception. Quechua

Spirit of Place
Batdalai, 3, 1999
61 x 68 cm ca.
Stampa cromogenica / Chromogenic print

Campo degli tsaatan, Mongolia – Batdalai 3 anni
Batdalai stava imparando a cavalcare l'enorme renna alle sue spalle. Ho
osservato lui e la sorella maggiore, che lo stringeva, galoppare al tramonto
nella taiga. Fra un anno, dovrebbe essere in grado di montare abbastanza
bene per contribuire a riportare indietro il gregge la sera per la mungitura.
Diversamente da gran parte dei bambini degli tsaatan, Batdalai è nato in
ospedale. Sua madre aveva sentito parlare della "nascita senza dolore" e
aveva deciso di affrontare i tre giorni di viaggio a cavallo verso la clinica.

Tsaatan Camp, Mongolia – Batdalai, 3
Batdalai was just learning to ride the large reindeer standing behind him.
With his older sister holding him tight, I watched as they went trotting across
the taiga at sunset. Within a year he should be riding well enough to help
bring in the herd at night for milking. Unlike most children in the Tsaatan clan,
Batdalai was born in a hospital. His mother had heard about "painless births"
and decided to make the three day journey to the little clinic by horseback.

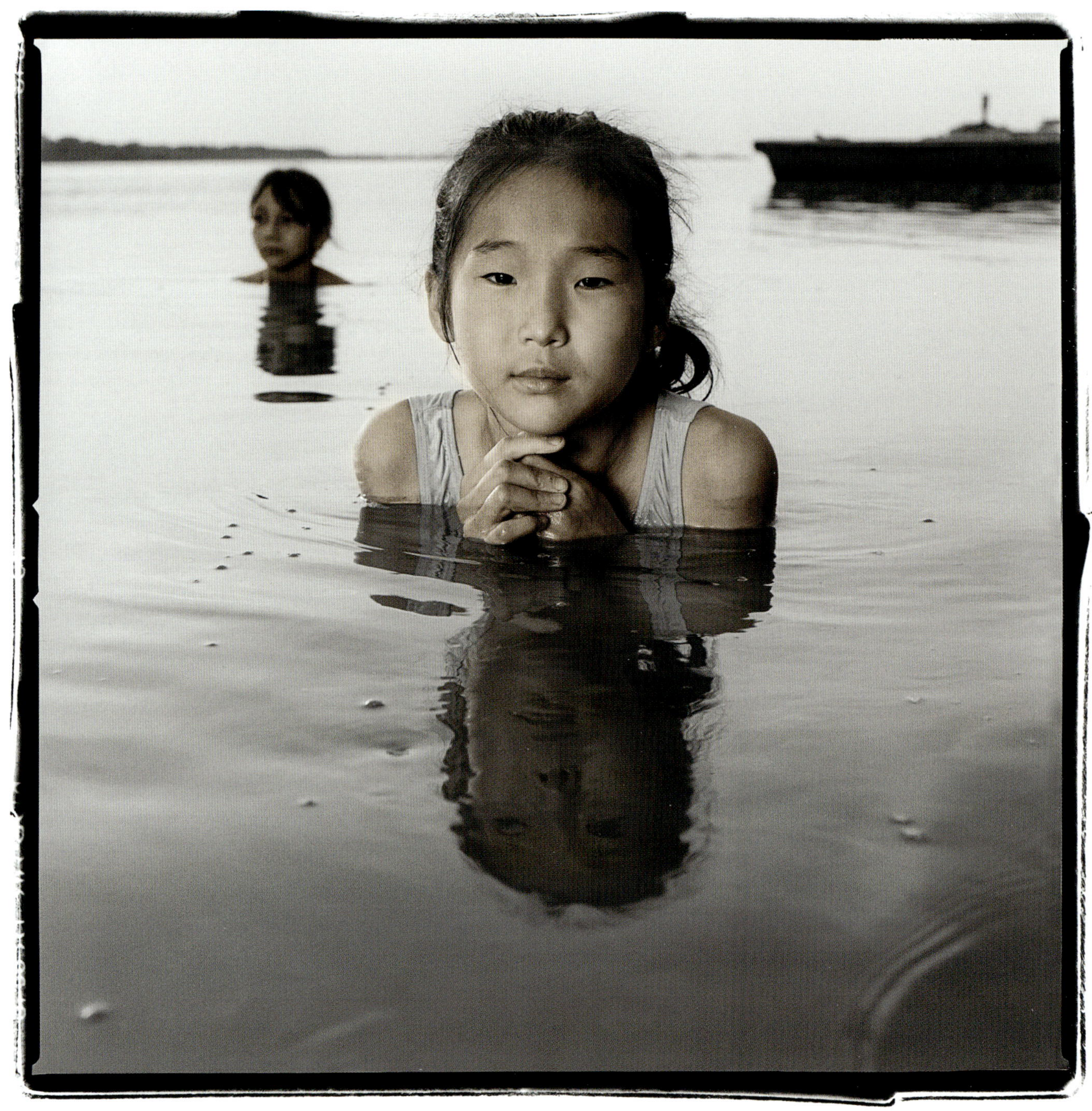

Spirit of Place
Shasha, 9, 1999
50 x 60 cm ca.
Stampa ai sali d'argento / Gelatin silver print

Daerga, Siberia – Shasha 9 anni
Shasha vive in un villaggio isolato sulle rive del fiume Amur, che ghiaccia per quasi nove mesi all'anno. Comprende molto poco della sua lingua madre, il nanai, a dispetto degli insegnamenti di sua nonna. La nonna dice che Shasha sviene e sente voci, potenziali caratteristiche doti da sciamano. Shasha, comunque, prova scarso interesse per le tradizioni e preferisce studiare matematica e guardare la televisione con Lena, la sua migliore amica.

Daerga, Siberia – Shasha, 9
Shasha lives in a remote village on the banks of the Amur River, which is frozen nearly nine months of the year. She understands very little of her native Nanai language despite her grandmother's coaching. Her grandmother said Shasha has fainting spells and has heard voices – typical characteristics of potential shamanic abilities. However, Shasha has little interest in her traditions, and prefers doing math and watching tv with her best friend Lena.

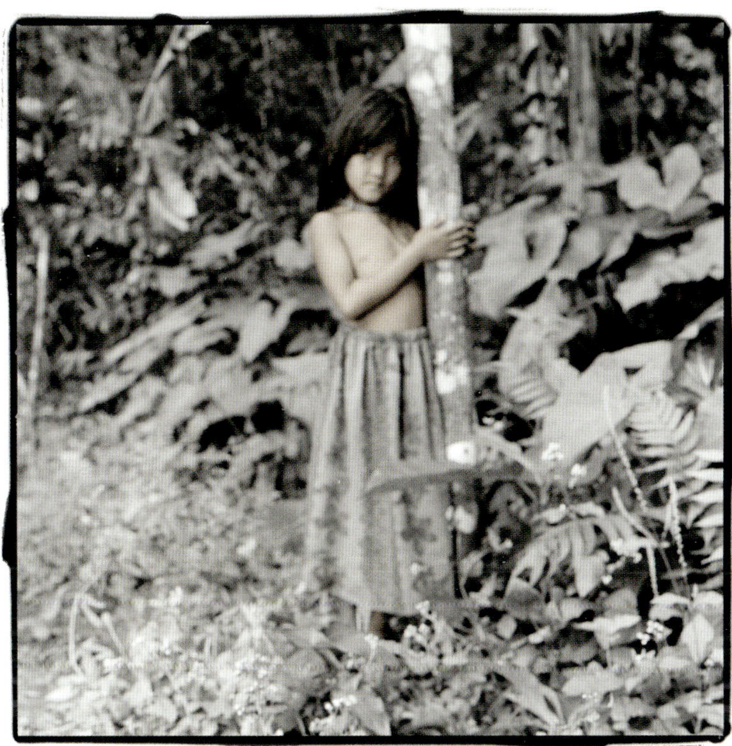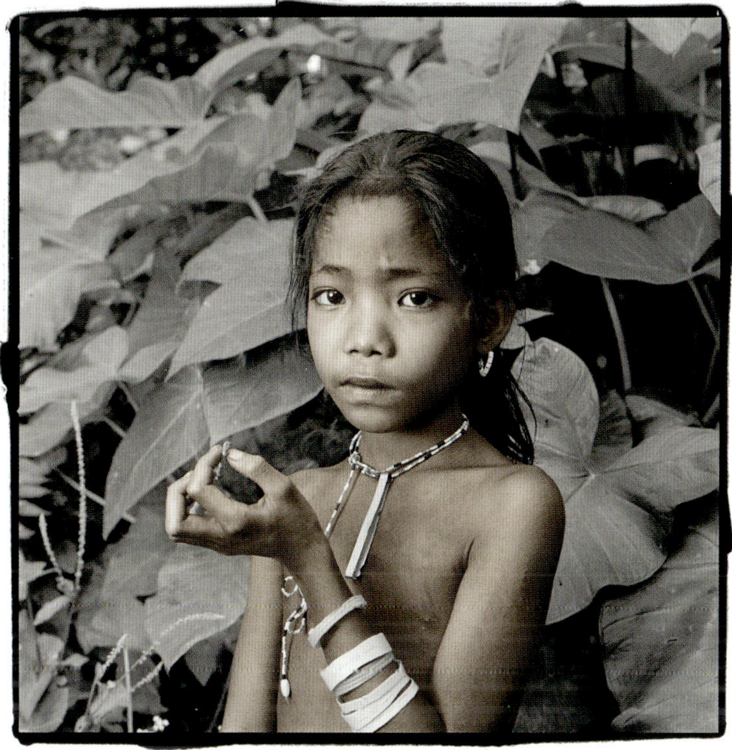

Spirit of Place
Merring, 8, 2000
82 x 48 cm ca.
Stampa ai sali d'argento / Gelatin silver print

Bacino di Singnapan, Palawan, Filippine – Merring 8 anni
Merring si arrotola da sola le sigarette e ne fuma una dopo l'altra. Sua madre ha avuto nove figli, ma solo tre sono vivi. Il fratello minore è morto solo due settimane fa. Cinque anni fa, un giovane missionario era venuto a vivere nel bacino di Singnapan, ma in tre anni era riuscito a convertire solo due famiglie: quella di Merring è una delle due. Il missionario, scoraggiato, ha dichiarato che i Tau't batu avevano "la testa troppo dura" e se ne è andato.

Signapan Basin, Palawan, Philippines – Merring, 8
Merring rolls her own cigarettes, smoking one after the other. Her mother has had nine children and only three are alive. Merring's youngest brother died just two weeks ago. A young missionary came five years ago to live in the Signapan Basin but only managed to convert two families in three years. Merring's family was one of the two. Discouraged, and declaring the Tau't Batu too "hard-headed," the missionary left.

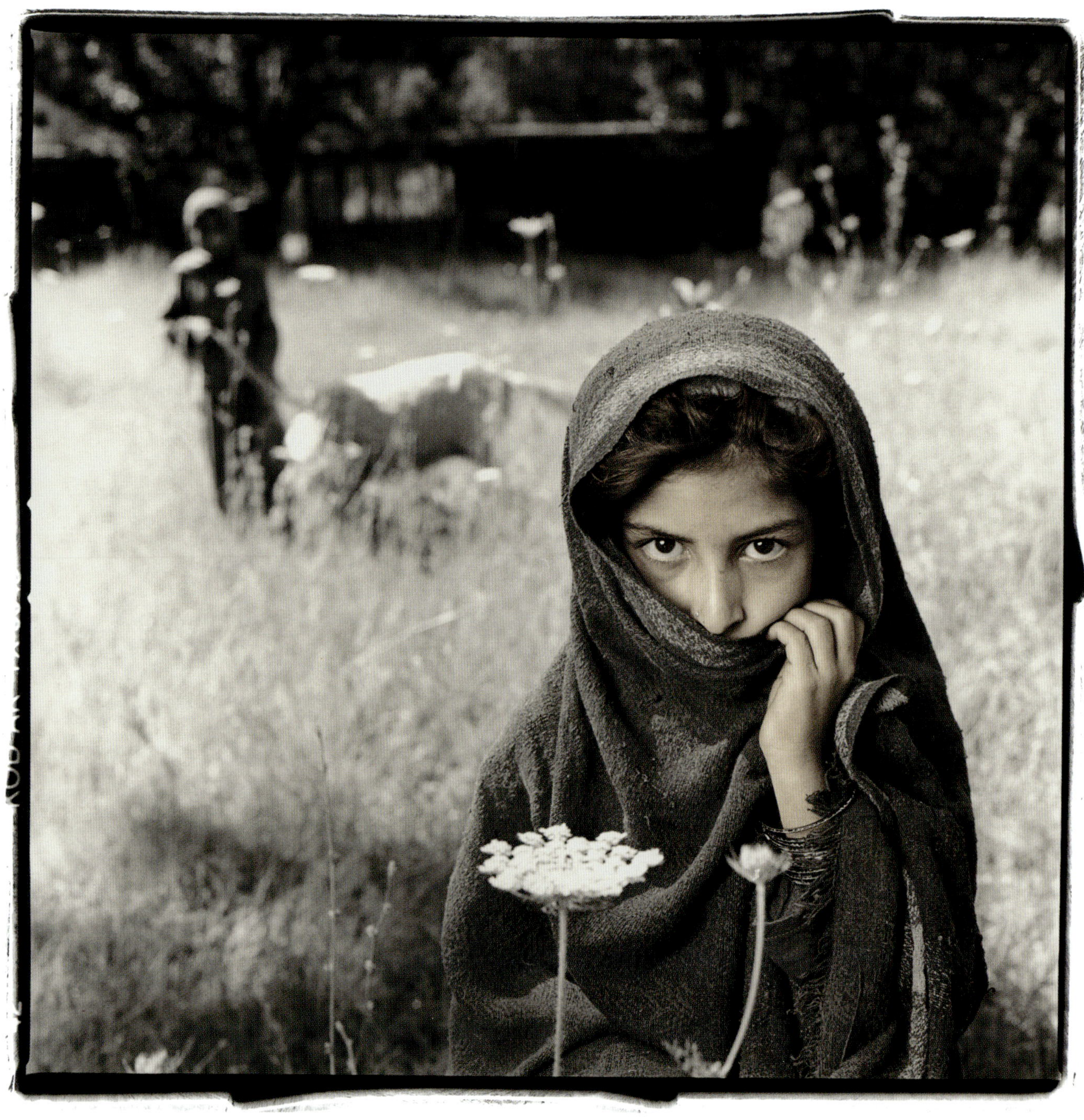

Spirit of Place
Bequim, 8, 2001
50 x 60 cm ca.
Stampa ai sali d'argento / Gelatin silver print

Paralak, Pakistan – Bequim 8 anni
La madre di Bequim apparteneva alla popolazione indigena del Pakistan conosciuta come i kalash, di cui restano tremila persone. I Kalash appartengono all'unica cultura non islamica rimasta in Pakistan. Nove anni fa, la madre si è convertita alla religione islamica dopo aver sposato un musulmano, e si è trasferita lontano dalla sua casa nelle isolate valli dei kalash. Nel nuovo villaggio, maschi e femmine non possono frequentare la scuola insieme. Dato che c'è un'unica scuola nel villaggio, e nel campo dell'istruzione i maschi vengono preferiti alle femmine, Bequim non potrà avere un'istruzione.

Paralak, Pakistan – Bequim, 8
Bequim's mother was one of the three thousand remaining indigenous people in Pakistan known as the Kalash. The Kalash belong to one of the only remaining non-Islamic cultures in Pakistan. Nine years ago she converted to Islam after marrying a Muslim man and moved away from her home in the remote Kalash Valleys. In their new village it is not allowed for boys and girls to attend school together. Since there is only one school in the village, and since boys are given preference when it comes to education, Bequim will not be allowed to attend school.

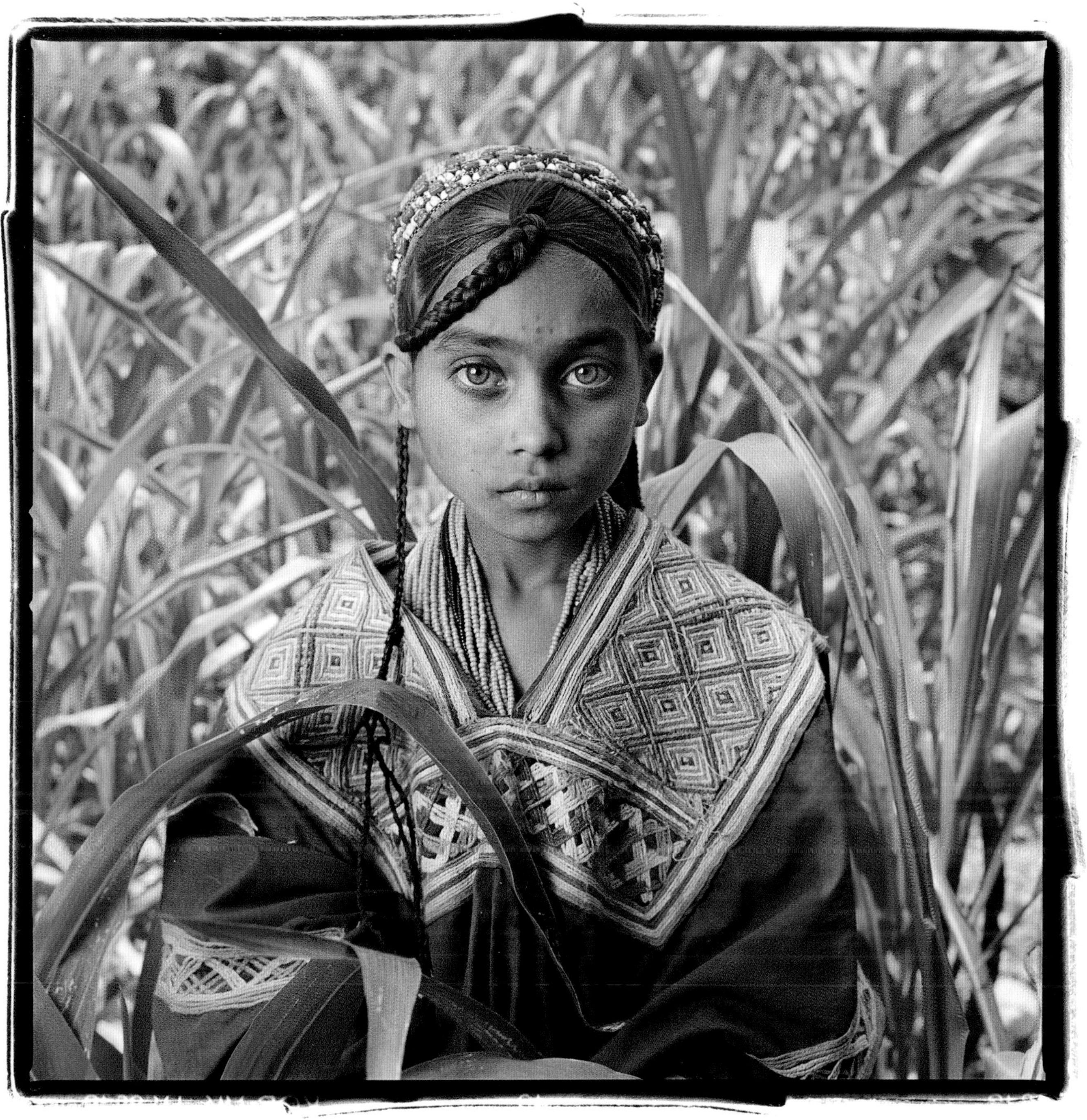

Spirit of Place
Abi Gul, 7, 2001
61 x 68 cm ca.
Stampa cromogenica / Chromogenic print

Valle del Rumbur, Pakistan – Abi Gul 7 anni
Il padre di Abi Gul ha lottato per undici anni nei tribunali pachistani per evitare l'abbattimento degli alberi nelle valli dei kalash. Per il suo popolo, che ha una cosmologia animista, gli alberi sono sacri. Tre anni fa, il padre di Abi Gul è stato ucciso da una bomba lanciata nella loro casetta di due stanze. Lo zio ha proseguito la causa e alla fine l'ha vinta. Abi Gul era seria e tranquilla. Molto diligente, è rimasta al mio fianco e mi ha fatto da assistente mentre fotografavo i suoi amici e parenti nel piccolo villaggio.

Rumbur Valley, Pakistan – Abi Gul, 7
Abi Gul's father spent eleven years fighting in the Pakistan courts to keep the Kalash valleys from being logged. For the Kalash, who have an animist cosmology, trees are very sacred. Three years ago Abi Gul's father was killed by a bomb that was thrown into their little two room home. Her uncle continued the court case and finally won the judgment. Abi Gul was very serious and quiet. Very diligent, she stayed by my side and assisted me as I photographed her friends and relatives in her small village.

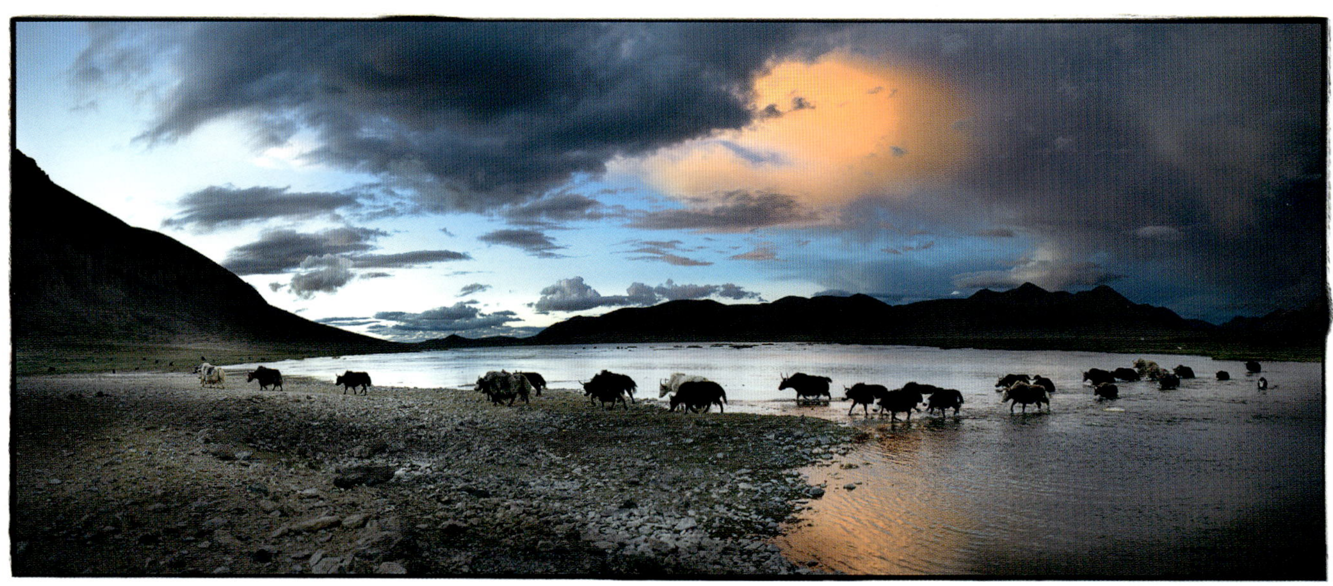

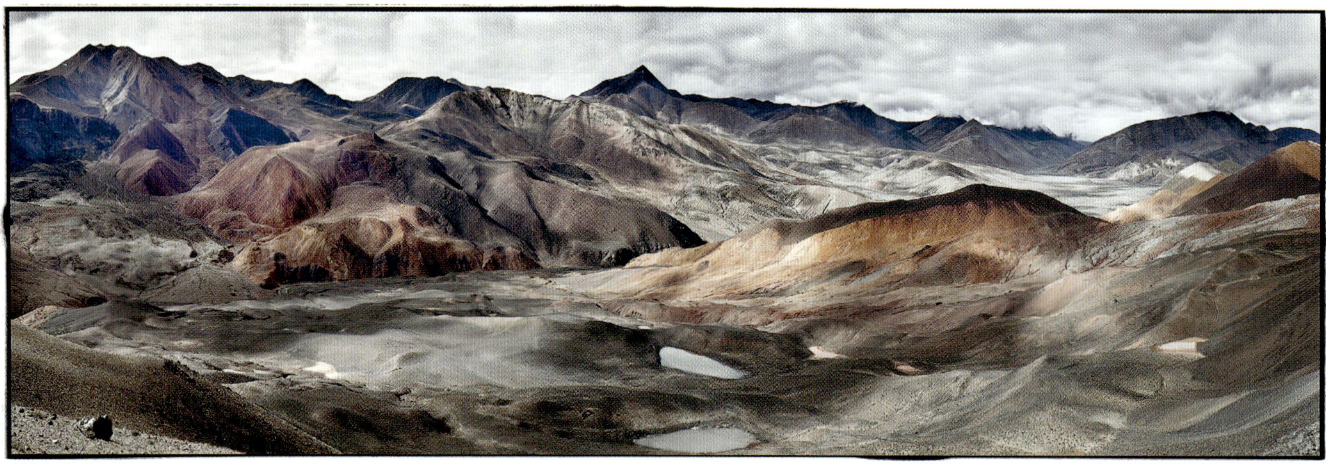

Tibet: Culture on the Edge
Yaks crossing swollen river, 2008-2009
88 x 40 cm ca.
Stampa cromogenica / Chromogenic print

Tibet: Culture on the Edge
Desertification, 2008-2009
88 x 40 cm ca.
Stampa cromogenica / Chromogenic print

Prefettura di Ngari, Tibet – Desertificazione
I nomadi e i contadini dell'altopiano del Tibet sono dei veri e propri "canarini della miniera di carbone" per quanto riguarda il cambiamento climatico. Nelle zone settentrionali, centinaia di laghi si sono prosciugati e il deserto è arrivato a coprire quasi un sesto dell'altopiano. Quasi tutti i nomadi e i fattori che ho incontrato si sono lamentati della riduzione dei pascoli per i loro animali e dei modelli climatici imprevedibili che rendono quasi impossibile programmare la semina delle colture.

Ngari Prefecture, Tibet – Desertification
The nomads and farmers on the Tibetan plateau are truly the "canaries in the coal mine" with respect to climate change. In the northern areas thousands of lakes have dried up and deserts have grown to cover nearly one sixth of the plateau. Almost all the nomads and farmers I met complained about decreasing grasslands for their animals and erratic weather patterns that made timing the planting of their crops almost impossible.

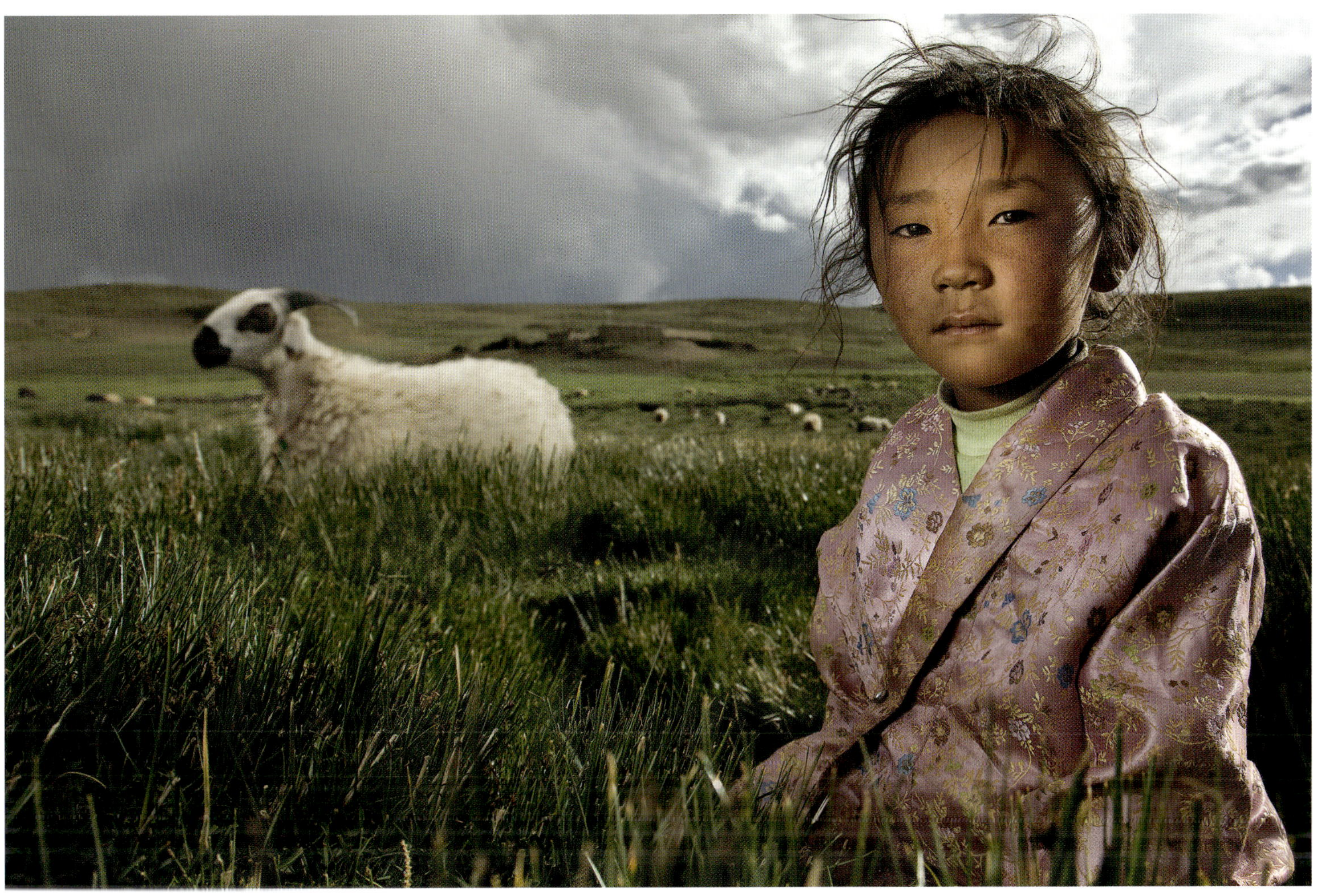

Tibet: Culture on the Edge
Trinkley Dolkar, 7, 2008-2009
50 x 60 cm ca.
Stampa cromogenica / Chromogenic print

Valle di Yangpachen, Tibet – Trinley Dolkar 7 anni
Trinley Dolkar doveva iniziare a studiare in collegio il prossimo anno. Poiché la scuola è a sette ore di distanza, probabilmente riuscirà a tornare a casa solo una volta all'anno. I pascoli di qui hanno l'erba più alta che abbia mai visto su tutto l'altopiano e molti nomadi anziani mi hanno detto che un tempo era così alta che le pecore si perdevano nei campi.

Yangpachen Valley, Tibet – Trinley Dolkar, 7
Trinley Dolkar is scheduled to start her education at a boarding school next year. Since she lives qseven hours from the school, she may only be able to return home once a year. This pastureland had some of the highest grass that I saw on the entire plateau. Many older nomads told me that the grass on the grasslands used to be so high that the sheep would get lost in the fields.

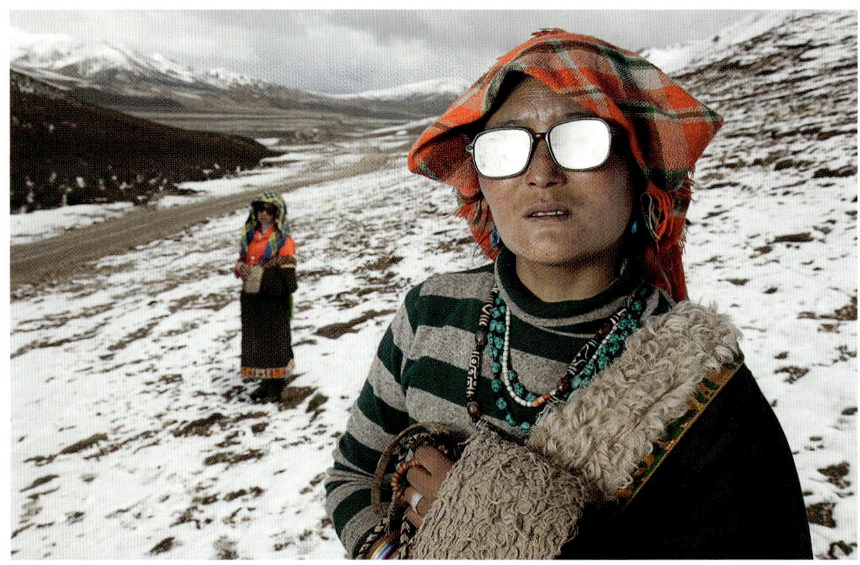

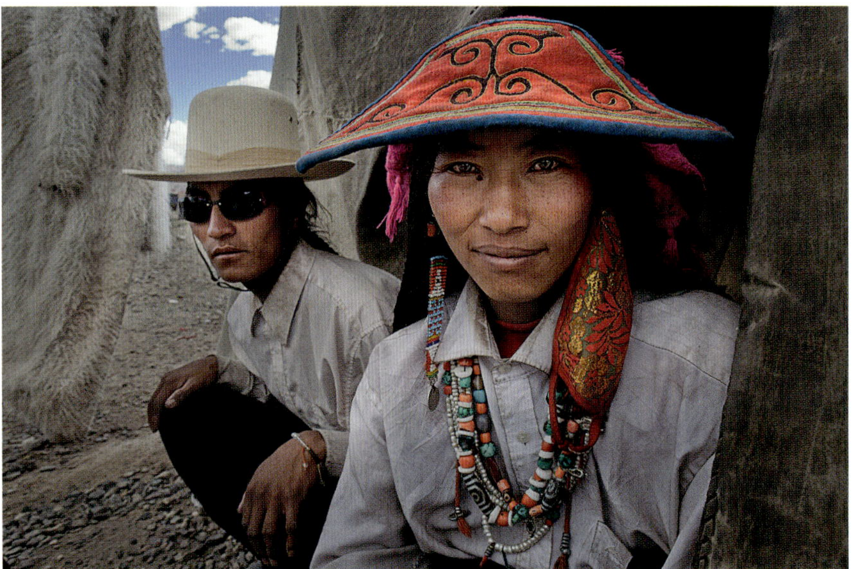

Tibet: Culture on the Edge
Tasang Dolma 31, Tashi Dolma 14, 2008-2009
50 x 60 cm ca.
Stampa cromogenica / Chromogenic print

Qinghai, Tibet – Tasang Dolma 31 anni, Tashi Dolma 14 anni
Tasang Dolma e sua figlia spostano i loro yak e le loro pecore oltre un passo nei pressi della montagna sacra di Amnye Machen. Siamo lungo il corso superiore del fiume Giallo, il secondo più lungo della Cina, che attraversa nove province ed è spesso definito 'fiume Madre'. Recentemente il fiume si è prosciugato per diverse settimane lungo il suo corso prima di sfociare nel mare di Bohai.

Quinghai, Tibet – Tasang Dolma, 31; Tashi Dolma, 14
Tasang Dolma and her daughter are moving their yaks and sheep over a pass near the holy mountain Amye Machen. This is the upper reaches of the Yellow River, which is the second longest river in China, running through nine of its provinces and is often referred to as the Mother River. Recently the river dried up for several weeks along its course before flowing into the Bohai Sea.

Tibet: Culture on the Edge
Puo Chung, 26, 2008-2009
50 x 60 cm ca.
Stampa cromogenica / Chromogenic print

Ngari, Tibet - Puo Chung 26 anni
Puo Chung e suo marito sono nomadi arrivati nella cittadina di Gê'gyai in attesa di trovare un lavoro nell'edilizia. A causa delle restrizioni al pascolo e del cambiamento climatico, non riescono più a vivere delle mandrie di yak e capre. In edilizia vengono pagati dieci dollari al giorno e, fino a ora, sono riusciti a lavorare tra i 10 e i 15 giorni ogni mese.

Ngari, Tibet – Puo Chung, 26
Puo Chung and her husband are nomads who have traveled to the small town of Gegye wait for construction jobs. Because of restrictions on grazing and climate change they can no longer live off their yaks and sheep. Construction jobs pay $10 a day and so far, they are finding 10 to 15 days of work each month.

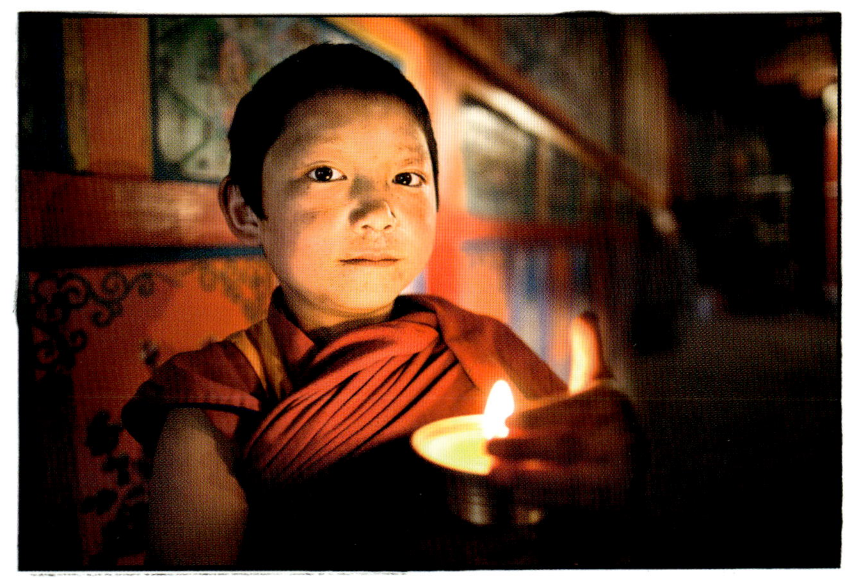

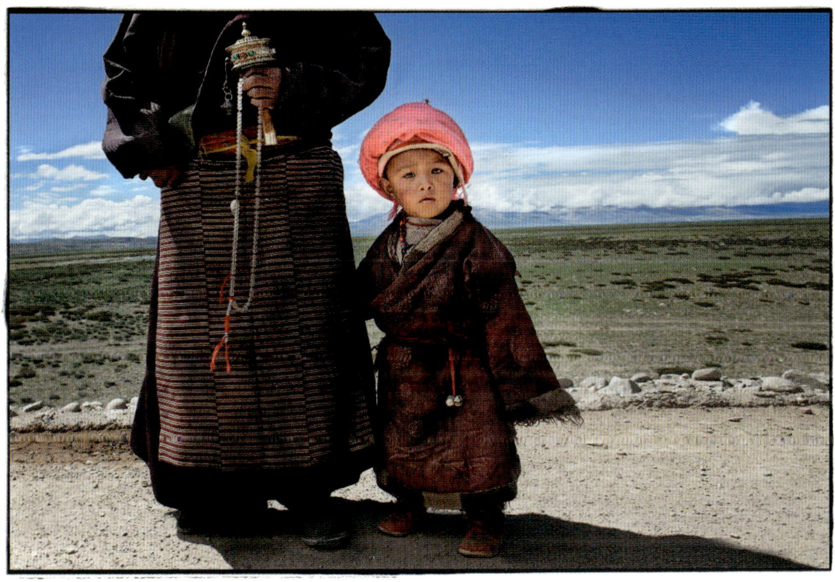

Tibet: Culture on the Edge
Herup Jamsu, 10, 2008-2009
50 x 60 cm ca.
Stampa cromogenica / Chromogenic print

Provincia di Qinghai, Monastero di Wenja, 2370 m. – Herup Jamsu 10 anni
Herup Jamsu è entrato nel monastero di Wenja a otto anni. I monaci più
piccoli hanno circa cinque anni. Molti giovani e ragazzi vogliono venire in
questo monastero per studiare con Wenja, un grande lama molto riverito
della tradizione Bon. Il Bon, spesso ritenuto il precursore sciamanico del
buddismo tibetano, adesso è riconosciuto dal Dalai Lama come la sesta più
importante scuola spirituale del Tibet.

Qinghai Province, Wenja Monastery, 7,800 ft. – Herup Jamsu, 10
Herup Jamsu entered the Wenja Monastery at the age of eight. The
youngest monks here are around five years old. Many young men and boys
want to come to this monastery to study with Wenja, a very revered high
Lama in the Bon tradition. Although often thought of as the shamanistic
precursor to Tibetan Buddhism, Bon is now recognized by the Dalai Lama as
the sixth principal spiritual school of Tibet.

Tibet: Culture on the Edge
Amu, 52, Yelong Droma, 2, 2008-2009
50 x 60 cm ca.
Stampa cromogenica / Chromogenic print

*Prefettura di Ngari, kora del Monastero di Chiu, 4663 m. Amu 52 anni, Yelong
Droma 2 anni*
Yelong Droma cammina verso il monastero di Chiu con la nonna Amu. Il
monastero è vicino alla riva del sacro lago Manasarovar, ritenuto l'aspetto
femminile dell'illuminazione. Il lago è lo specchio d'acqua dolce più alto al
mondo e sorgente del fiume Sutlej, che diventa la principale risorsa idrica del
Pakistan. Amu ha completato la *kora* di 96 chilometri intorno al lago diverse
volte, e non vede l'ora che Yelong Droma la possa accompagnare.

Ngari Prefecture, Chiu Monastery Kora 15,300 feet, Amu, 52; Yelong Droma, 2
Yelong Droma is walking to Chiu Monastery with her grandmother, Amu. The
monastery is near the shore of sacred Lake Manasarovar, believed to be the
female aspect of enlightenment. The lake is the highest body of fresh water
in the world and the source of the Sutlej River, which becomes the main
source of water for Pakistan. Amu has completed the sixty-mile kora around
the lake several times and looks forward to the day when Yelong Droma will
be able to accompany her.

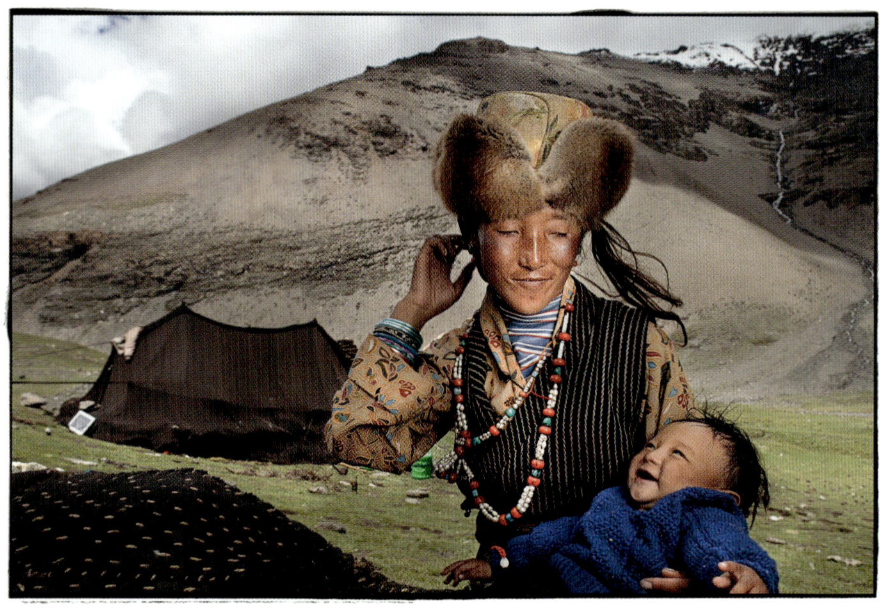

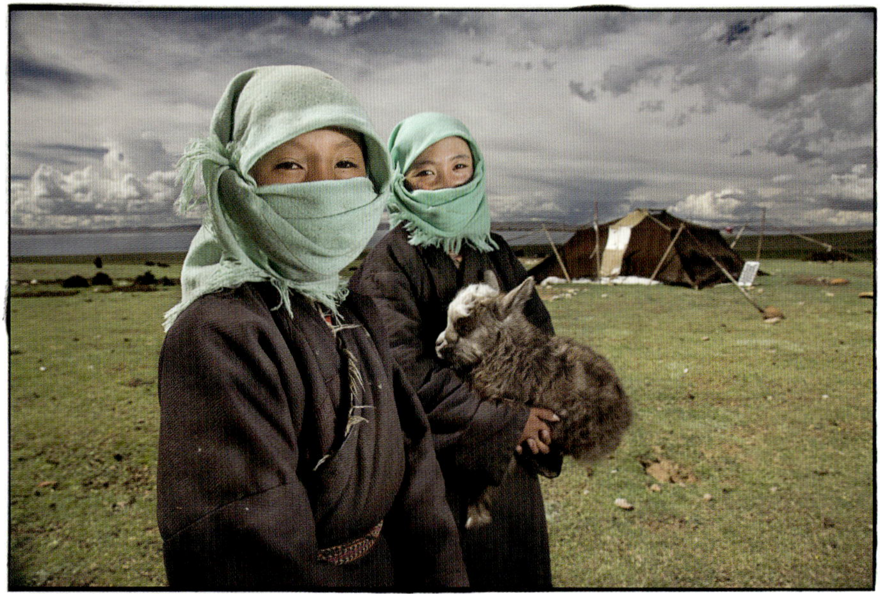

Tibet: Culture on the Edge
Pute 26, Tenba 8 months, 2008-2009
50 x 60 cm ca.
Stampa cromogenica / Chromogenic print

Passo Karo La, Tibet – Pute, 26 anni, Tenba 8 mesi
Spesso, d'estate, Pute abbandona la cura dei suoi yak, indossa gli abiti
tradizionali e si reca alla fermata del bus del ghiacciaio del Nojin-Kangtsang,
molto popolare tra i turisti. Come molti suoi vicini, chiede due dollari per
lasciarsi fotografare. Da quando nel 2006 è stata aperta la linea ferroviaria
con il Tibet, milioni di turisti cinesi lo visitano ogni anno. Al momento è la
destinazione turistica più popolare della Cina continentale.

Karo La Pass, Tibet – Pute, 26; Tenba, 8 months
In the summer Pute often takes off from tending her yaks to dress up and
walk over to the popular tourist bus stop at the Nojin-Kangtsang glacier. Like
many of her neighbors, she charges two dollars to have her photo taken.
Since the training to Tibet opened in 2006, millions of Chinese tourists have
visited Tibet each year. Tibet is now the number one tourist destination for
the mainland Chinese.

Tibet: Culture on the Edge
Tsekyi Lhamo 10, Tsering Lhamo 11, 2008-2009
50 x 60 cm ca.
Stampa cromogenica / Chromogenic print

Lago Namtso, Tibet – Tsekyi Lhamo, 10 anni; Tsering Lhamo 11 anni
Oggi molte giovani donne, come queste due sorelle, si proteggono la pelle
dall'intensa luce del sole in altitudine e dai venti gelidi con tessuti colorati e
maschere. Anche se coprirsi il viso non ha un significato religioso, è diventato
così comune che alcune donne sembrano a disagio se devono mostrarlo in
pubblico.

Namtso Lake, Tibet – Tsekyi Lhamo, 10; Tsering Lhamo, 11
Today many young women, like these sisters, protect their skin from the
higher altitude's intense sunlight and the bitterly cold winds with colorful
head scarves and facemasks. Even though there is no religious significance
for women to cover their face, it has become so common that some women
seem to be uncomfortable showing their face in public.

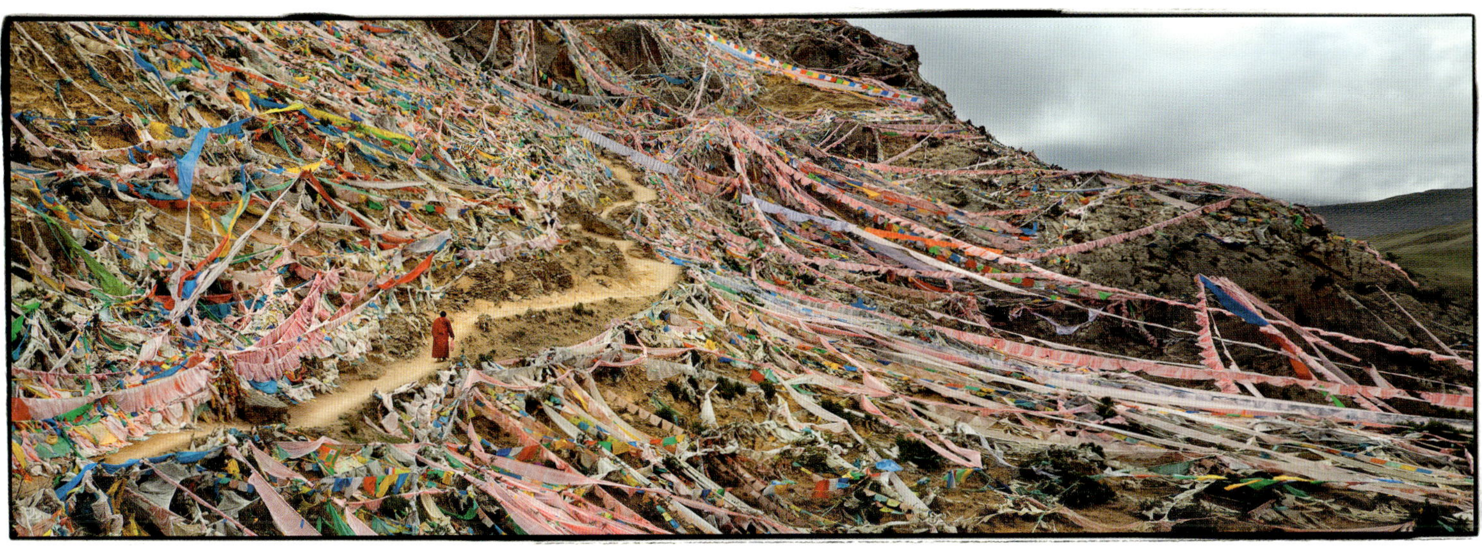

Tibet: Culture on the Edge
Princess Wencheng temple Kora, 2008-2009
88 x 40 cm ca.
Stampa cromogenica / Chromogenic print

Yushu, Tibet – Kora (sentiero) del tempio di Wencheng
Anche se questo monaco percorre lo splendido *Kora* (sentiero) intorno
al tempio della principessa Wencheng, ho visto molti pellegrini avazare
prostrati per tutti gli oltre tre chilometri del percorso. La principessa era una
nipote dell'imperatore cinese della dinastia Tang. Nel 640 partì per il Tibet
per sposane il 33° re, un matrimonio di Stato combinato nel contesto di un
trattato di pace con la Cina. La principessa Wengcheng, che era buddista, fu
determinante per l'introduzione del buddismo in Tibet. Si narra che, nel lungo
viaggio dalla Cina a Lhasa, abbia trascorso un mese in questo luogo.

Yushu, Tibet Wencheng Temple – Kora
Although this monk is walking the magnificent *Kora* (path) around the
Princess Wencheng Temple, I saw many pilgrims prostrating over the entire
two mile path. The Princess was a niece of the emperor of China's Tang
Dynasty. She left in 640 for Tibet to marry the thirty-third king of Tibet in a
marriage of state as part of a peace treaty with China. Princess Wencheng,
who was Buddhist, was instrumental in bringing Buddhism to Tibet. She was
said to have spent a month here on her long journey from China to Lhasa.

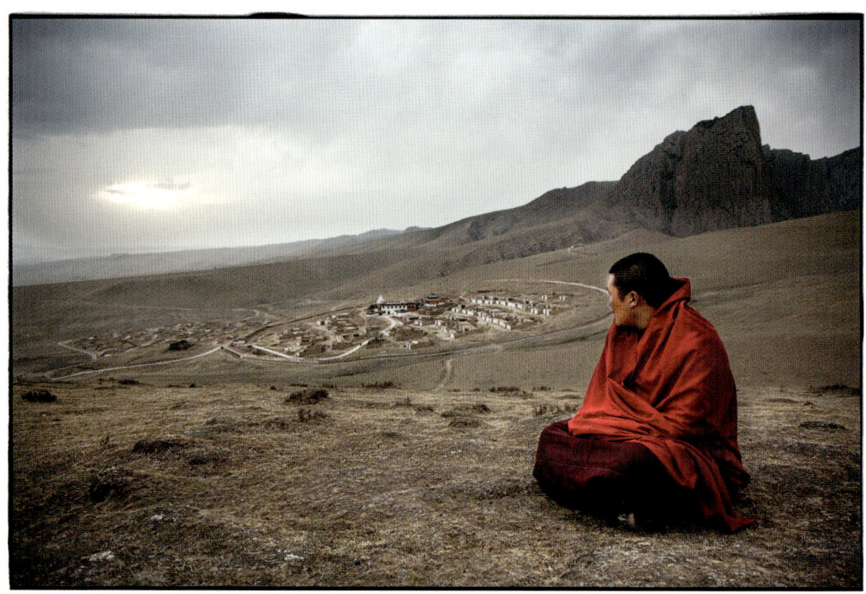

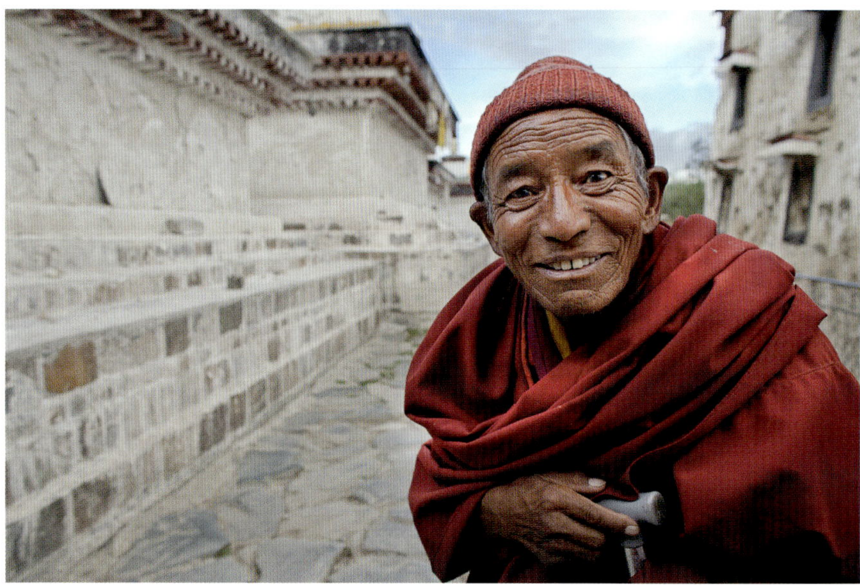

Tibet: Culture on the Edge
Rinch, 19, 2008-2009
50 x 60 cm ca.
Stampa cromogenica / Chromogenic print

Valle di Tsilung, Tibet – Rinch 19 anni
Rinch, qui mentre osserva il monastero di Trakkar, ha compiuto un
pellegrinaggio di 129 giorni con quattro altri monaci del monastero. Hanno
trascorso dodici ore al giorno nella loro tenda, cantando e meditando per
invocare le piogge, un buon raccolto ed erba alta per gli animali. Ogni due
giorni, spostavano la tenda in un luogo diverso e ricominciavano il loro
rituale. Come gesto di compassione verso tutti gli esseri senzienti, davano da
mangiare persino alle formiche.

Tsilung Valley, Tibet – Rinch, 19
Rinch, here overlooking the Trakkar Monastery, was on a 129-day pilgrimage
with four other monks from the monastery. They spent twelve hours a day
inside their tent chanting and meditating for rains, a good harvest, and tall
grass for the animals. Every two days they would move their tent to a new
location and begin their ritual. As a gesture of compassion towards all
sentient beings, they were even feeding the ants.

Tibet: Culture on the Edge
Tashilhunpo Monastery, 2008-2009
50 x 60 cm ca.
Stampa cromogenica / Chromogenic print

Shigatse, Tibet – Monastero di Tashilhunpo
Il monastero di Tashilhunpo è la casa del Panchen Lama, il secondo più
potente del Tibet dopo il Dalai Lama. Nel 1989, alla morte del decimo
Panchen Lama, l'attuale Dalai Lama ha identificato la sua reincarnazione.
Il ragazzo è stato subito preso in custodia dalle autorità cinesi, che hanno
insediato un loro Panchen Lama. Sono stato tentato di chiedere a questo
monaco se avesse mai incontrato il ragazzo sparito, ma non sarebbe stata
una mossa prudente.

Shigatse, Tibet – Tashilhunpo Monastery
Tashilhunpo Monastery is the home of the Panchen Lama, who is the second
most powerful Lama in Tibet after the Dalai Lama. When the tenth Panchen
Lama died in 1989 the current Dalai Lama identified his reincarnation. The
boy was immediately taken into custody by the Chinese authorities and they
installed their own Panchen Lama. I was tempted to ask this monk if he had
met the missing boy, however, it would not have been safe to do so.

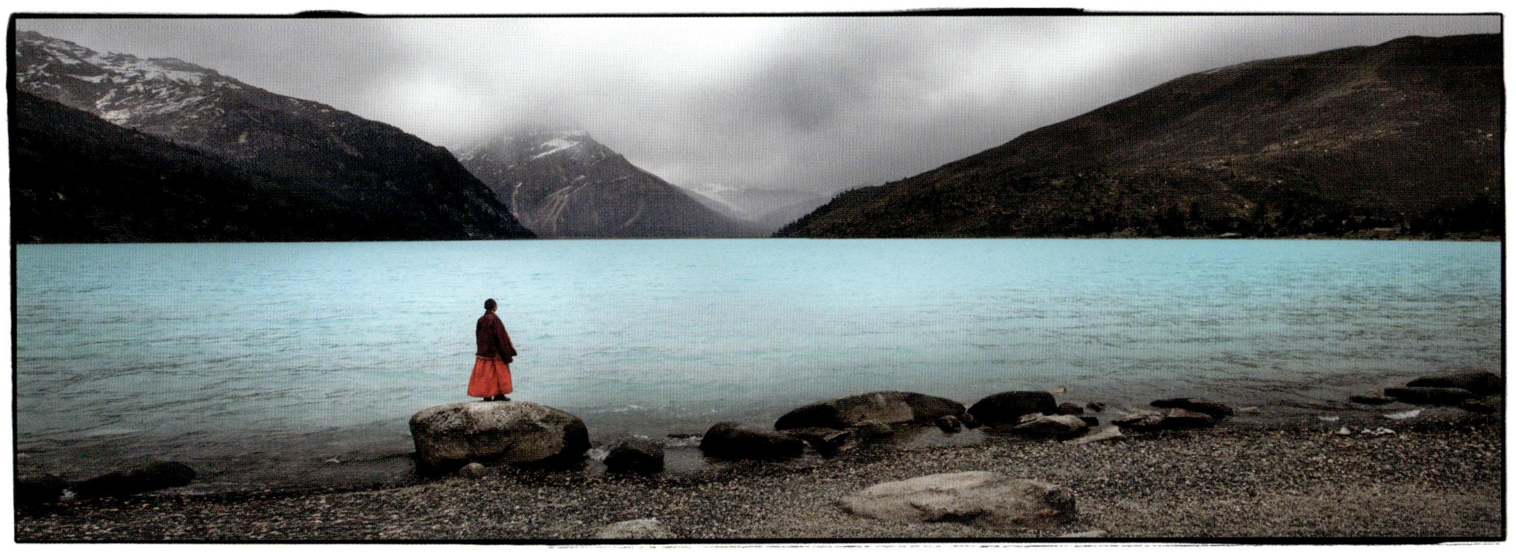

Tibet: Culture on the Edge
Lake Yihun Lhatso, 2008-2009
130 x 60 cm ca.
Stampa cromogenica / Chromogenic print

Kham, Tibet – Lago Yihun Lhatso
Questo è lo splendido e sacro lago glaciale Yihun Lhatso. Per coloro che hanno la mente allenata e la visione pura per percepirlo, si dice che le montagne e le rocce che circondano il lago assumano la forma divina del mandala di Chakrasamvara. La meditazione su questo mandala è una pratica avanzata di buddismo tantrico tibetano che porta all'illuminazione unendo saggezza ed empatia. Questo giovane monaco del monastero di Derge Gochen è arrivato al lago per trascorrere una settimana in meditazione.

Kham, Tibet – Lake Yihun Lhatso
This is the beautiful sacred glacial lake of Yihun Lhatso. For those who have trained their minds and have the pure vision to perceive, the mountains and rocks surrounding the lake are said to assume the divine form of the Cakrasamvara Mandala. Meditation on this mandala is an advanced Tibetan Tantric Buddhist practice that achieves enlightenment through the union of compassion and wisdom. This young Monk from the Derge Gochen Monastery came to the lake to spend a week in meditation.

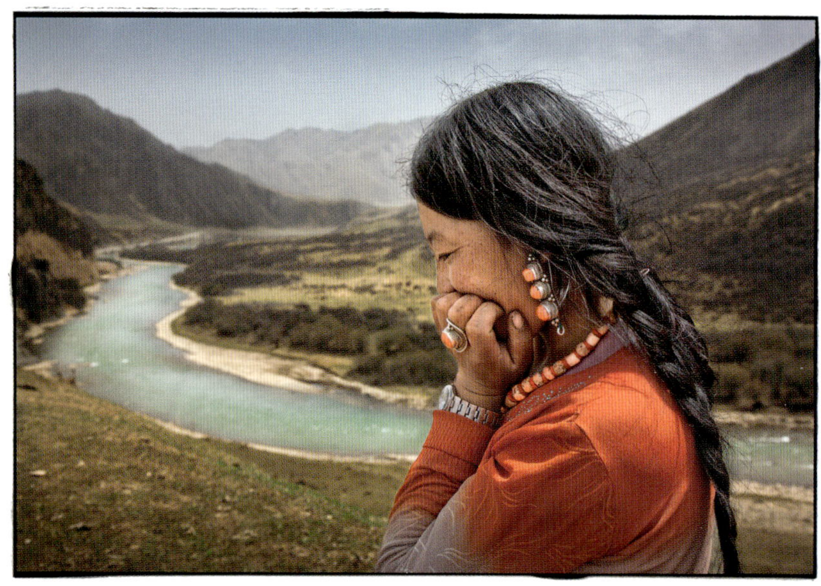

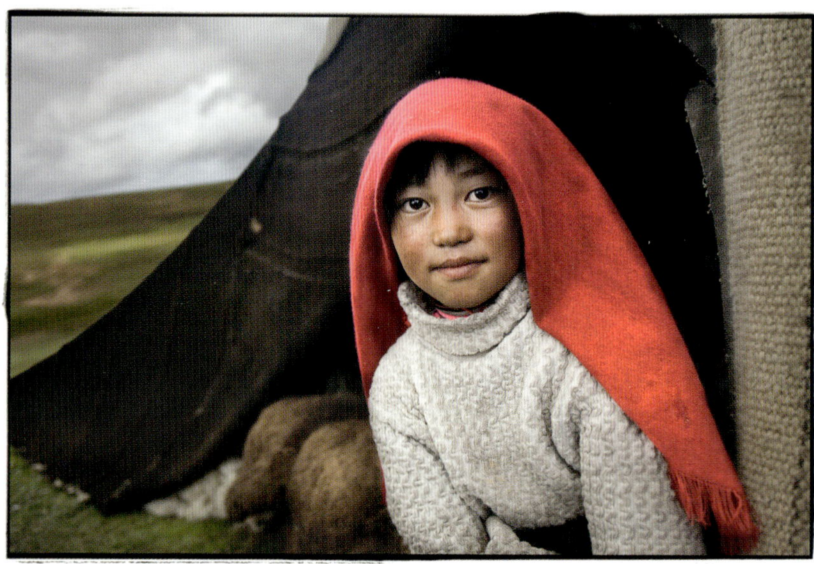

Tibet: Culture on the Edge
Lamo Tso, 26, 2008-2009
50 x 60 cm ca.
Stampa cromogenica / Chromogenic print

Fiume Giallo, Tibet – Lamo Tso 26 anni
Benché non abbiano mai ricevuto un'istruzione, Lamo Tso e suo marito
sono considerati ricchi dai nomadi tibetani. Possiedono oltre cento yak e
cinquecento pecore. La mia guida mi ha detto che i gioielli di corallo che
Lamo Tso indossa valgono molto più di mille dollari. In linea di massima,
i nomadi sono più benestanti dei fattori, e in effetti *nor*, la parola tibetana
che indica lo yak, si traduce con ricchezza.

Yellow River, Tibet – Lamo Tso, 26
Although never educated, Lamo Tso and her husband are considered
wealthy among Tibetan nomads. They have more than 100 yaks and 500
sheep. My guide told me the coral jewelry Lamo Tso was wearing is worth
well over a thousand dollars. In general, nomads are more wealthy than
farmers, in fact the word for yak (*nor*) in Tibetan translates as wealth.

Tibet: Culture on the Edge
Yeshi, 13, 2008-2009
50 x 60 cm ca.
Stampa cromogenica / Chromogenic print

Prefettura di Lhasa, Tibet – Yeshi 13 anni
Yeshi è nata in questa tenda di pelo di yak a 4700 metri di altezza nel cuore
dell'inverno. L'altopiano del Tibet ha il tasso più elevato di mortalità materna
e infantile al mondo. La mancanza di ostetriche diplomate e la convinzione
che gli estranei portino con sé "fantasmi affamati" che possono attaccare il
neonato, impediscono alle donne di chiedere assistenza a ostetriche che non
conoscono personalmente.

Lhasa Prefecture, Tibet – Yeshi, 13
Yeshi was born in this yak hair tent in the dead of winter at 15,500 feet.
The Tibetan plateau has one of the highest rates of maternal and infant
mortality in the world. A lack of trained midwives and belief that strangers
carry "hungry ghosts" that can attack the newborn, prevent women from
seeking assistance from midwives that they don't personally know.

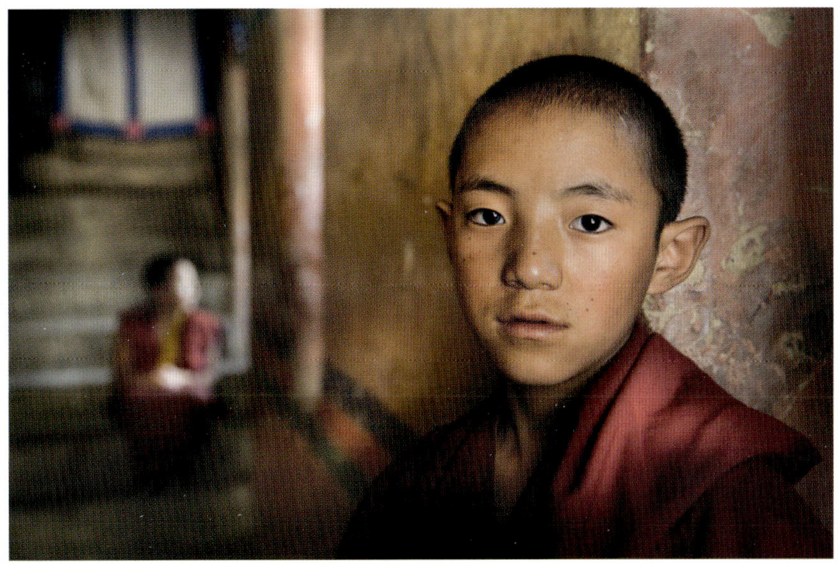

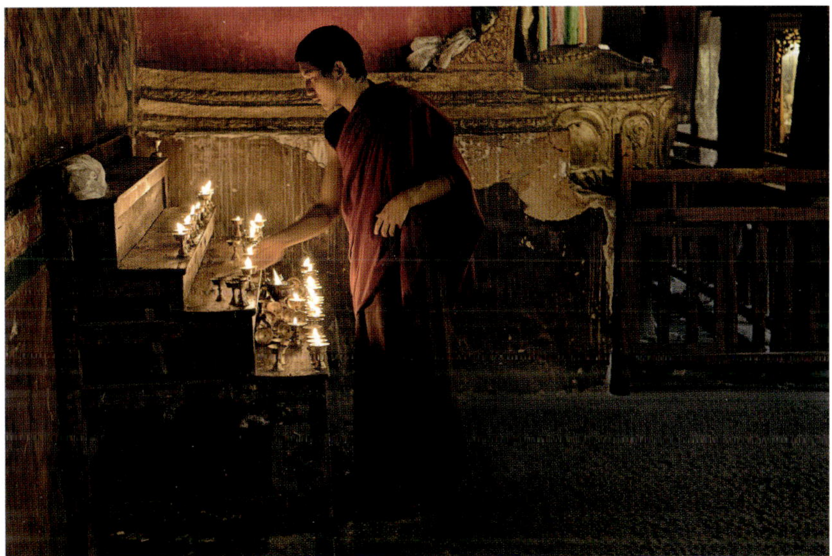

Tibet: Culture on the Edge
Tenzing Kelsang, 15, 2008-2009
50 x 60 cm ca.
Stampa cromogenica / Chromogenic print

Valle di Nyang Bran, Tibet – Tenzing Kelsang 15 anni
Tenzing Kelsang è arrivato al monastero di Pabonka quando aveva sette anni.
Già a sei anni aveva detto ai genitori di voler diventare monaco. Il monastero
di Pabonka, originariamente costruito come forte, ha più di 1300 anni.
Come quasi tutti i monasteri tibetani è stato gravemente danneggiato
durante la rivoluzione culturale. Molte sacre reliquie e statue di Budda erano
state sepolte dai monaci, e sono state recuperate e restaurate nel 1982,
quando la Cina ha liberalizzato le leggi che proibivano le pratiche religiose.

Nyang Bran Valley, Tibet – Tenzing Kelsang, 15
Tenzing Kelsang came to the Pabonka Monastery when he was seven.
He informed his parents that he wanted to become a monk when he was six
years old. Originally built as a fort, the Pabonka site is more than 1300 years
old. Like almost all monasteries in Tibet, it was heavily damaged during the
cultural revolution. Many of the sacred relics and Buddha statues were buried
by the monks and dug up and restored in 1982, when China liberalized its
laws that forbid religious practices.

Tibet: Culture on the Edge
Pelkor Chode Monastery, 2008-2009
50 x 60 cm ca.
Stampa cromogenica / Chromogenic print

Gyantse, Tibet – Monastero di Pelkor Chode
Costruito nel 1428, il monastero di Pelkor Chode venne attaccato nel 1904
dagli inglesi, nuovamente danneggiato nel 1959, quando il Dalai Lama fuggì
dal Tibet, e subì danni ingenti durante la rivoluzione culturale. Prima della
rivolta del 1959, al monastero vivevano 1500 monaci: oggi sono meno di 80.

Gyantse, Tibet – Pelkor Chode Monastery
Built in 1418 the Pelkor Chode Monastery was attacked in 1904 by the British,
damaged again when the Dalai Lama fled Tibet in 1959, then he heavily
damaged during the cultural revolution. Prior to the uprising in 1959 there were
1500 monks living in the monastery – today there are fewer than 80.

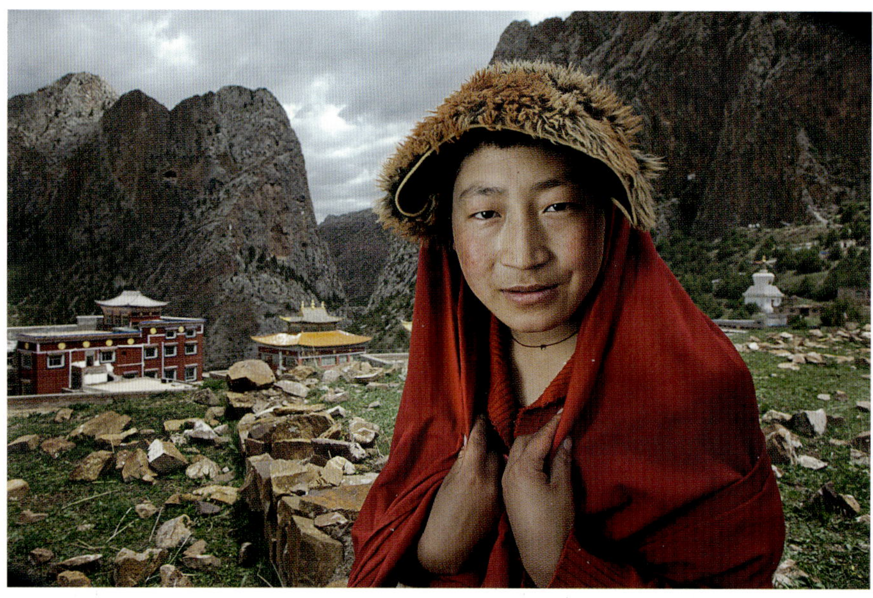

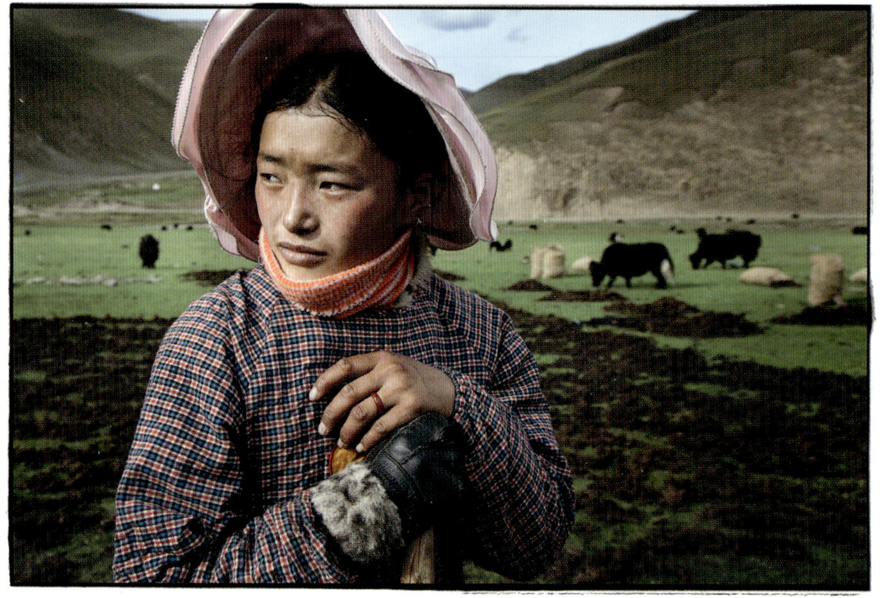

Tibet: Culture on the Edge
Digit, 21, 2008-2009
50 x 60 cm ca.
Stampa cromogenica / Chromogenic print

Monastero di Kala Rongo, Tibet – Digit 21 anni
Digit è una delle trecento monache che hanno ricevuto un'educazione religiosa e un'istruzione prima che fossero vietate alle donne. Il monastero di Kala Rongo è stato fondato nel 1990 grazie al loro benefattore, il Lama Norlha Rinpoche, che vive a nord nello Stato di New York. Il monastero, costruito dalle monache, offre una scelta alle donne e sta cambiando l'atteggiamento nei confronti dell'istruzione per le monache.

Kala Rongo Monestary, Tibet – Digit, 21
Digit is one of the 300 nuns who have received religious and educational training previously unavailable to women. The Kala Rongo Monastery was founded in 1990 through their benefactor Lama Norlha Rinpoche who lives in upstate New York. The monastery, which was built by the nuns, grants women choices and is changing attitudes about educating nuns.

Tibet: Culture on the Edge
Pasa Zoma, 21, 2008-2009
50 x 60 cm ca.
Stampa cromogenica / Chromogenic print

Provincia di Qinghai, Tibet – Pasa Zoma 21 anni
Come gran parte delle giovani nomadi della sua età, Pasa Zoma non ha mai frequentato una scuola. Quando l'ho incontrata, stava essiccando e raccogliendo sterco di yak che avrebbe costituito la riserva invernale di combustibile per la sua famiglia e sarebbe stato venduto al mercato.

Qinghai Province, Tibet – Pasa Zoma, 21
Like most nomadic young women her age Pasa Zoma has never been to school. When I met her, she was drying and collecting yak dung for her family's winter fuel supply and to sell in the local market.

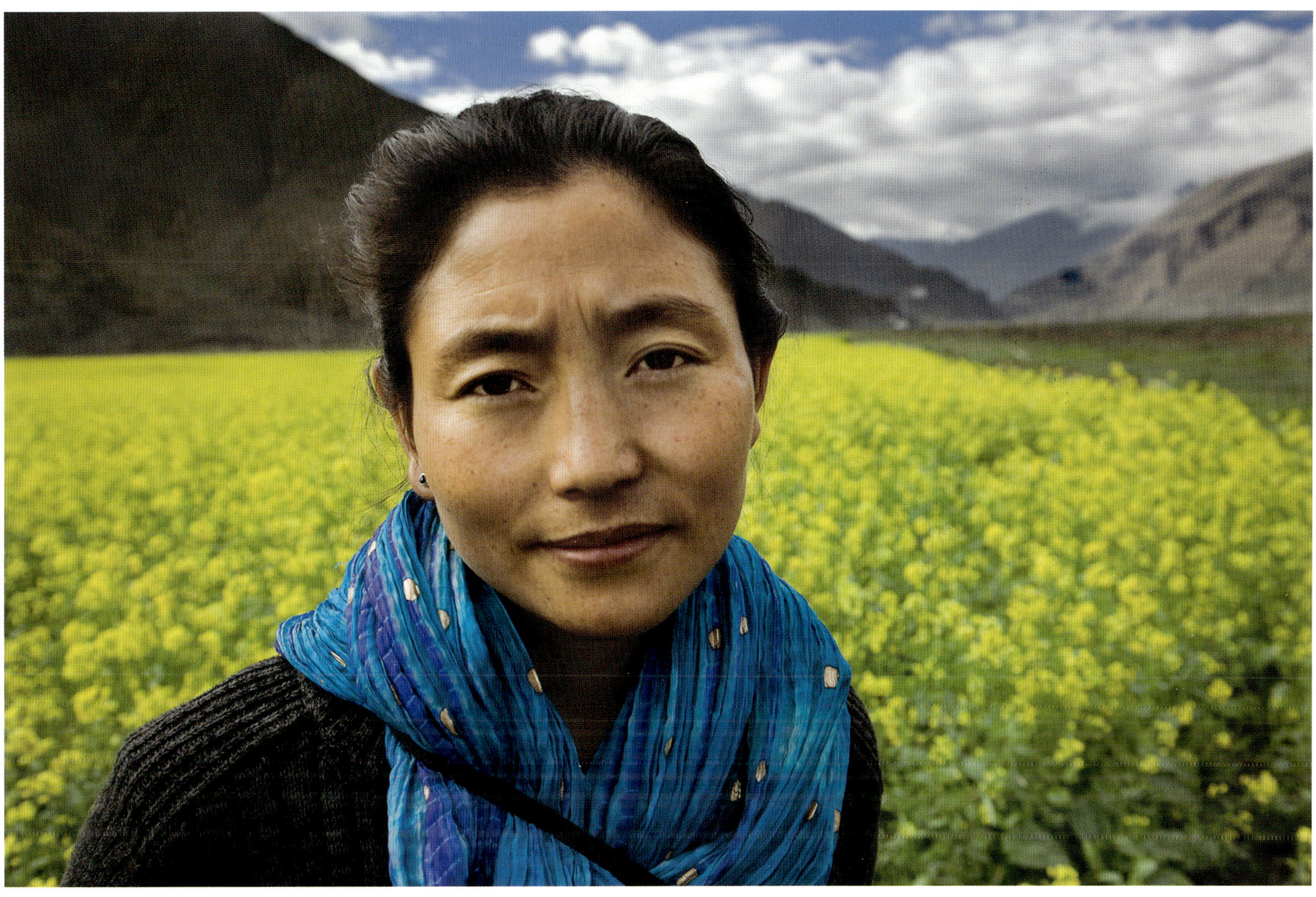

Tibet: Culture on the Edge
Tendron, 26, 2008-2009
50 x 60 cm ca.
Stampa cromogenica / Chromogenic print

Prefettura di Lhasa, Tibet – Tendron 26 anni
Tendron lavora a Lhasa per un'organizzazione non governativa, che ha sede
negli Stati Uniti e addestra centinaia di levatrici, tipiche della tradizione
contadina, e ostetriche. Nel Tibet rurale, l'incidenza della mortalità materna è
molto alta, in particolare tra le nomadi, che spesso partoriscono nelle tende di
pelo di yak ad altezze tra i 4200 e i 4900 metri nei gelidi mesi invernali.

Lhasa Prefecture, Tibet – Tendron, 26
Tendron works for a U.S.-based nonprofit organization in Lhasa that gives
training to hundreds of rural traditional birth attendants and midwives. The
incidence of maternal mortality is extremely high in rural Tibet, especially
among the nomads who often give birth in yak hair tents at 14,000 to 16,000
feet in the freezing winter months.

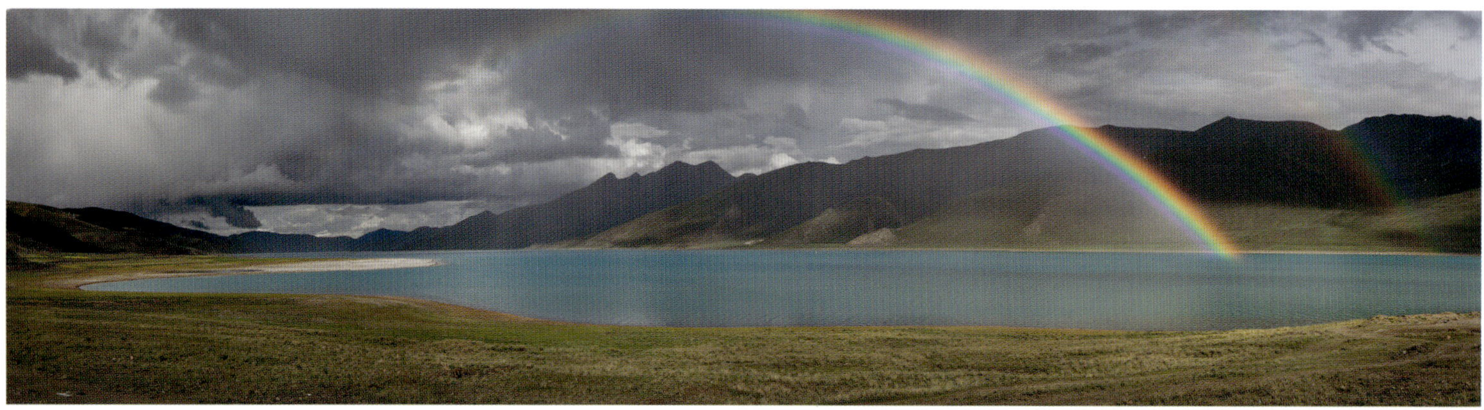

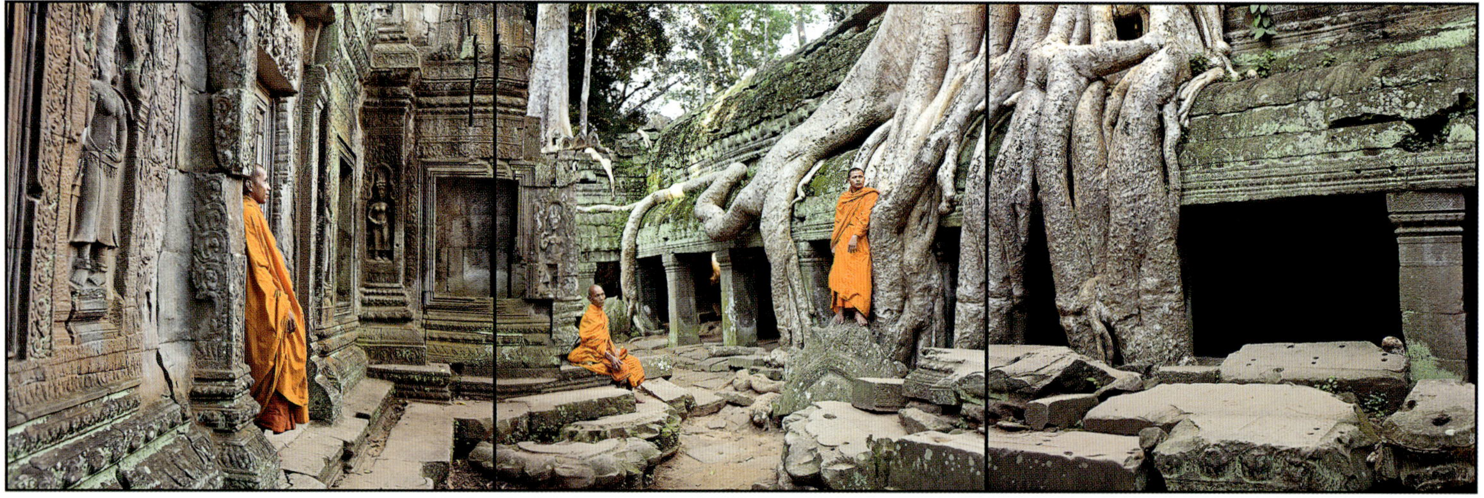

Tibet: Culture on the Edge
Lake Namtso, 2008-2009
101 x 34.5 cm
Stampa cromogenica / Chromogenic print

Tibet: Culture on the Edge
3 Monks, Ta Prohm Temple (Chhop 33, Sour 60, Some 30), 2008-2009
137 x 56 cm ca.
Stampa cromogenica / Chromogenic print

Angkor Wat, Cambogia – Chhop 33 anni, Sour 60 anni, Some 30 anni
Chhop, Some e Sour vivono nella pagoda di Preas Entap, molto vicina al
tempio abbandonato di Ta Prohm ad Angkor Wat. Dopo la meditazione
mattutina, spesso visitano il tempio prima dell'arrivo dei turisti. Ta Prohm è
stato costruito nel dodicesimo secolo come monastero buddista, e un tempo
ospitava oltre 12.000 monaci. Abbandonato nel Quindicesimo secolo, venne
poi coperto da un fico strangolatore e da alberi di ceiba. A differenza di molti
altri templi di Angkor, Ta Prohm è stato lasciato quasi nelle stesse condizioni
in cui è stato scoperto. Nel 2001 è stato usato come set del film *Lara Croft:
Tomb Raider* che aveva come protagonista Angelina Jolie.

Angkor Wat, Cambodia – Chhop, 33; Sour, 60; Some, 30
Chhop, Some, and Sour live in the Preas Entap Pagoda which is very close
to the abandon temple of Ta Prohm in Angkor Wat. After their morning
meditation they frequently visit the temple before the tourists begin arriving.
Ta Prohm was built in the 12th century as a Buddhist monastery and was
once home to more than 12,000 monks. It was later abandoned in the 15th
century and subsequently overtaken by strangler fig and silk-cotton trees.
Unlike most of the other Angkorian temples, Ta Prohm has been left in much
the same condition in which it was found. In 2001 Ta Prohm was used as a
set for the film "Lara Croft: Tomb Raider" starring Angelina Jolie.

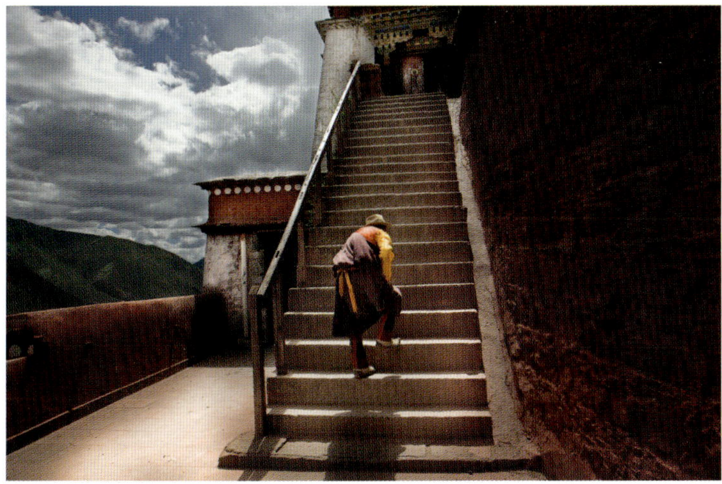 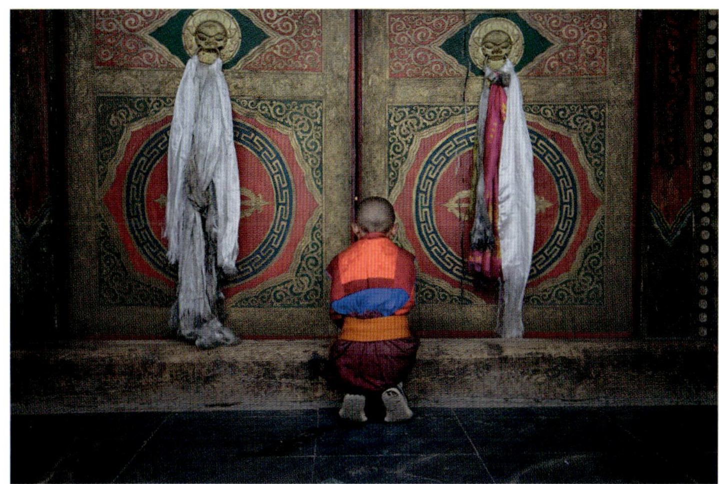

Tibet: Culture on the Edge
Drigung Til Monastery, 2008-2009
50 x 60 cm ca.
Stampa cromogenica / Chromogenic print

Contea di Maizhokunggar, Tibet – Monastero di Drigung Til
Si ritiene che il monastero di Drigung Til sia il sito di sepoltura celeste più
sacro del Tibet. I tibetani viaggiano per centinaia di chilometri per portare qui
i loro morti. I monaci dediti a questa pratica, i Rogyapa, smembrano il corpo
ed enormi avvoltoi lo trasportano in cielo. Pur nella tristezza di un funerale,
i tibetani considerano la morte un potente agente di trasformazione e
progresso spirituale.

Maizhokunggar County, Tibet – Drigung Til Monastery
The Drigung Til Monastery is considered to have the holiest sky burial site in
Tibet. Tibetans travel hundreds of miles to bring their deceased here. Special
monks called Rogyapas cut up the body and large vultures come to carry the
body away. Although there is sadness at the burial, for Tibetans death is seen
as a powerful agent of transformation and spiritual progress.

Tibet: Culture on the Edge
Xinghai Monastery, 2008-2009
50 x 60 cm ca.
Stampa cromogenica / Chromogenic print

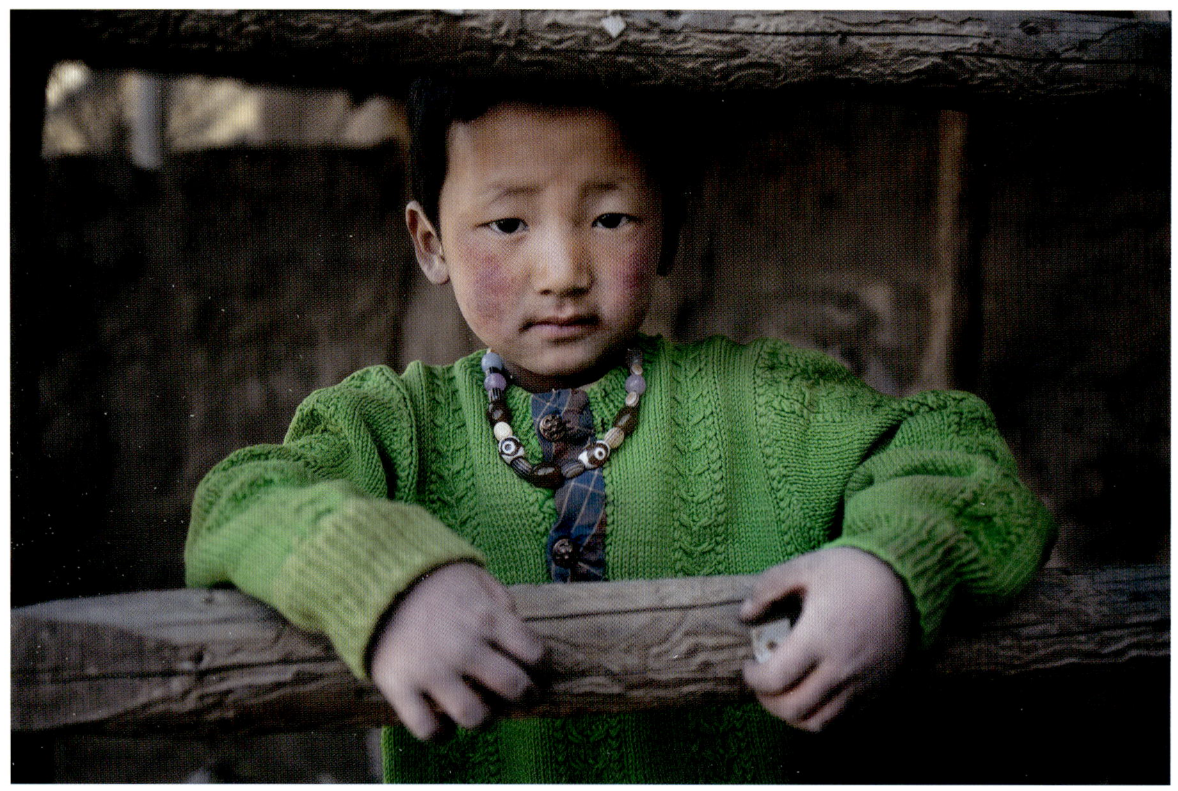

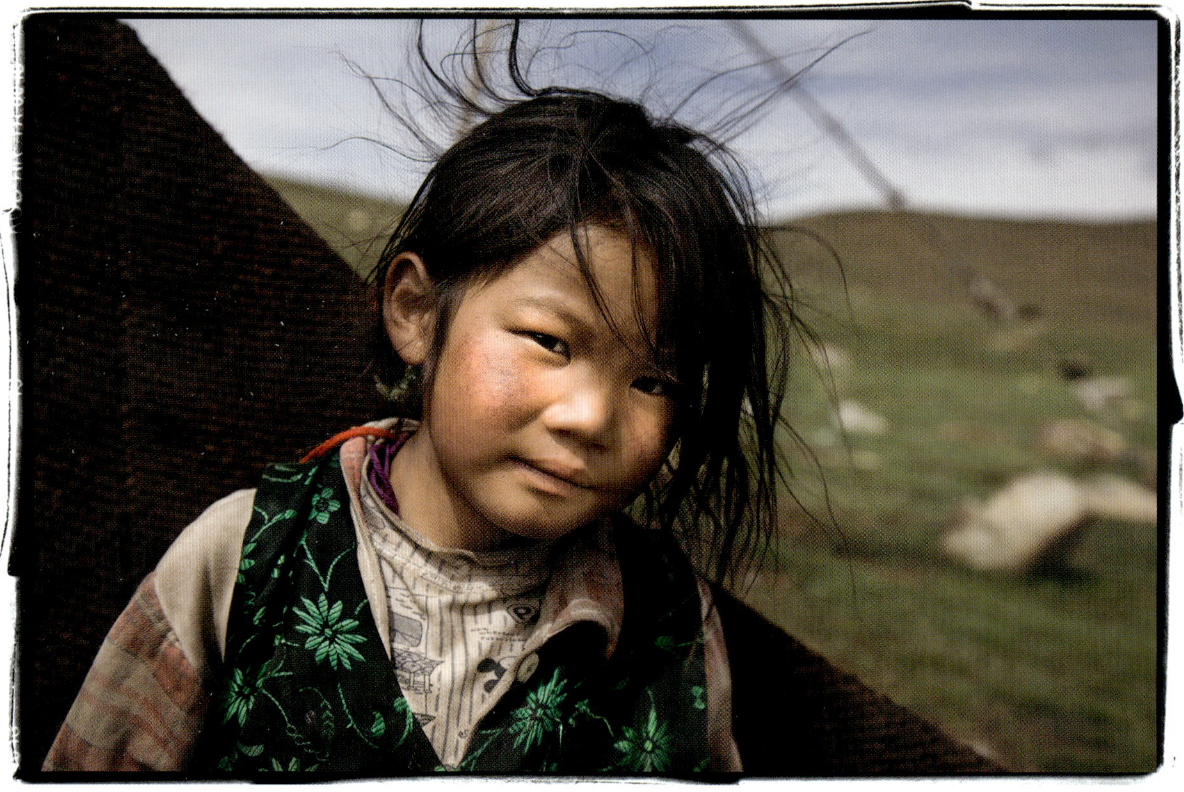

Tibet: Culture on the Edge
Tsering Zhorma, 6, 2008-2009
50 x 60 cm ca.
Stampa cromogenica / Chromogenic print

Tibet: Culture on the Edge
Pemba, 7, 2008-2009
50 x 60 cm ca.
Stampa cromogenica / Chromogenic print

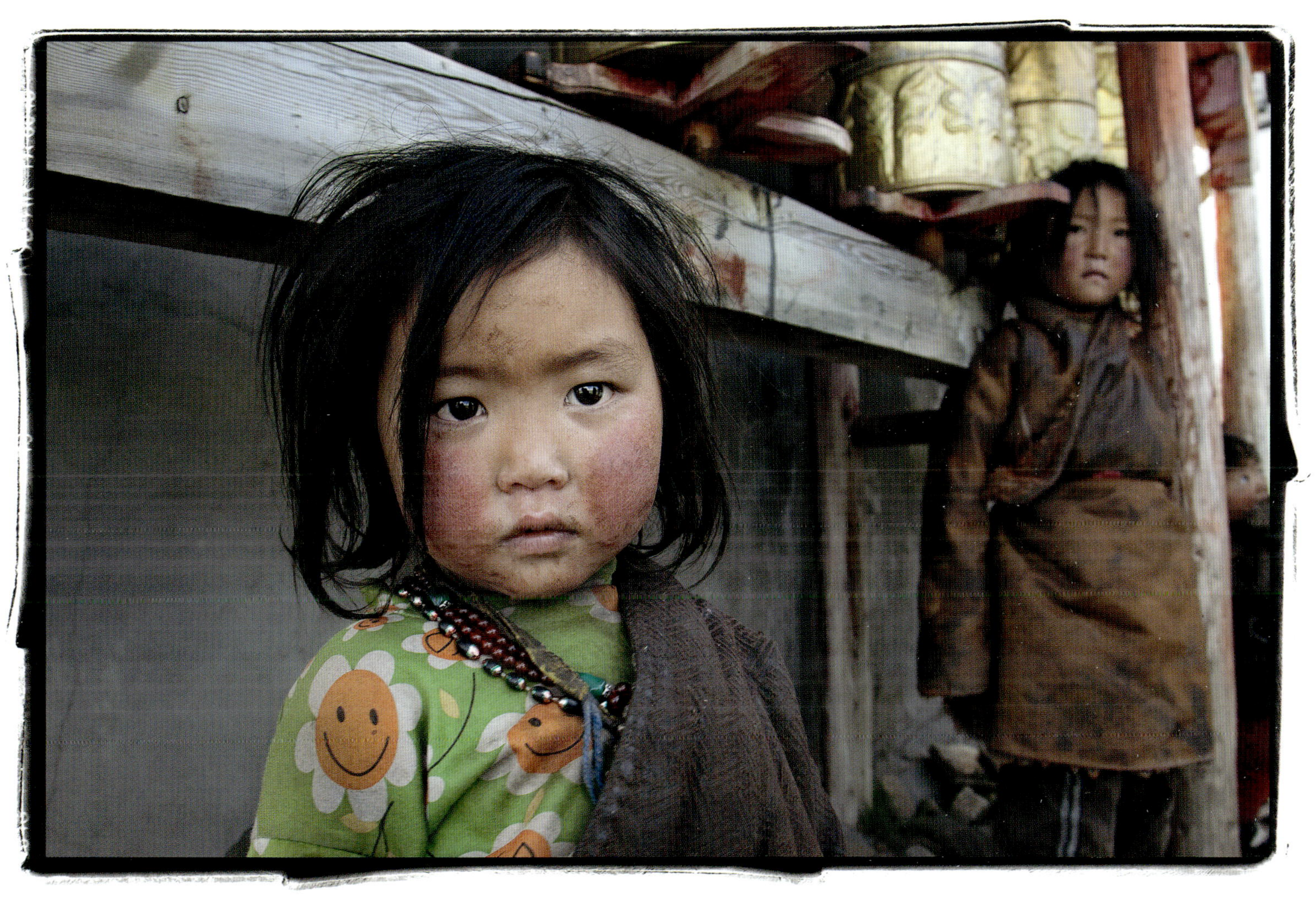

Tibet: Culture on the Edge
Droca Lhamo, 4, 2008-2009
50 x 60 cm ca.
Stampa cromogenica / Chromogenic print

In copertina / Cover

Tibetan Portrait
Ahida 10 mesi / months;
Sonam 21 mesi / months, 1994

In quarta di copertina / Back cover

Tibetan Portrait
Pemba, 4 anni / years old, 1994

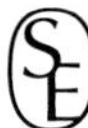

Silvana Editoriale

Direzione editoriale / Direction
Dario Cimorelli

Art Director
Giacomo Merli

Coordinamento editoriale / Editorial Coordinator
Sergio Di Stefano

Redazione / Copy Editor
Lorena Ansani

Impaginazione / Layout
Nicola Cazzulo

Traduzioni / Translations
Contextus srl, Pavia (Daniela Innocenti)

Coordinamento di produzione / Production Coordinator
Antonio Micelli

Segreteria di redazione / Editorial Assistant
Giulia Mercanti

Ufficio iconografico / Photo Editor
Alessandra Olivari, Silvia Sala

Ufficio stampa / Press Office
Lidia Masolini, press@silvanaeditoriale.it

Diritti di riproduzione e traduzione riservati per tutti i paesi
All reproduction and translation rights reserved for all countries
Droits de reproduction et de traduction réservés pour tous les pays

© 2021 Silvana Editoriale S.p.A.,
Cinisello Balsamo, Milano
© 2021 Paci contemporary, Brescia - Porto Cervo
Per tutte le immagini / For all the images
A norma della legge sul diritto d'autore e del codice civile, è vietata
la riproduzione, totale o parziale, di questo volume in qualsiasi forma,
originale o derivata, e con qualsiasi mezzo a stampa, elettronico, digitale,
meccanico per mezzo di fotocopie, microfilm, film o altro, senza il permesso
scritto dell'editore.

Under copyright and civil law this volume cannot be reproduced, wholly
or in part, in any form, original or derived, or by any means: print, electronic,
digital, mechanical, including photocopy, microfilm, film or any other
medium, without permission in writing from the publisher.

Available through ARTBOOK | D.A.P.
155 Sixth Avenue, 2nd Floor, New York, N.Y. 10013
Tel: (212) 627-1999 Fax: (212) 627-9484

Silvana Editoriale S.p.A.
via dei Lavoratori, 78
20092 Cinisello Balsamo, Milano
tel. 02 453 951 01
fax 02 453 951 51
www.silvanaeditoriale.it

Le riproduzioni, la stampa e la
rilegatura
sono state eseguite in Italia
Stampato da Tipo Stampa S.r.l.,
Moncalieri (Torino)
Finito di stampare
nel mese di giugno 2021
Reproductions, printing and binding
in Italy
Printed by Tipo Stampa S.r.l.,
Moncalieri (Torino)
June 2021

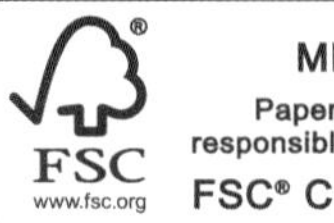